AF424136

L'orto in città

Come coltivare cibo fresco e sano anche in spazi limitati

Rosa Fogliata

L' orto in città

Rosa Fogliata

Published by Rosa Fogliata, 2023.

Copyright@2023 Rosa Fogliata

Tutti i diritti riservati

La riproduzione, la duplicazione o la trasmissione elettronica o su carta di qualsiasi parte di questo documento è strettamente proibita. La registrazione di questo documento è altrettanto strettamente proibita.

While every precaution has been taken in the preparation of this book, the publisher assumes no responsibility for errors or omissions, or for damages resulting from the use of the information contained herein.

L' ORTO IN CITTÀ

First edition. April 10, 2023.

Copyright © 2023 Rosa Fogliata.

ISBN: 979-8223054450

Written by Rosa Fogliata.

Sommario

DEDICA

Dedico questo libro a tutti coloro che, come me, credono che la coltivazione dell'orto urbano sia un'attività benefica per la salute, l'ambiente e la comunità. Spero che le informazioni e i consigli contenuti in questa guida possano ispirare e aiutare i lettori a coltivare il proprio cibo anche nei piccoli spazi delle città, e a scoprire il piacere di mangiare verdure fresche, sane e a chilometro zero. Buona lettura e buona coltivazione!

INTRODUZIONE

Ciao e benvenuti nella mia guida sull'orto in città! Sono entusiasta di condividere con te la mia passione per la coltivazione di cibo fresco e sano anche nei piccoli spazi delle città. In un'epoca in cui la qualità del cibo e la sostenibilità ambientale sono diventate sempre più importanti, l'orto urbano rappresenta una soluzione ideale per chi vuole coltivare il proprio cibo senza dover necessariamente avere un grande giardino o un terreno a disposizione.

In questa guida, ti fornirò tutte le informazioni necessarie per iniziare a coltivare il tuo orto in città. Imparerai a scegliere il terreno e i contenitori giusti, a selezionare le piante adatte alla tua zona e alla stagione, e a utilizzare le tecniche di coltivazione più efficaci. Ti darò anche consigli su come curare e mantenere le tue piante, e su come utilizzare i prodotti dell'orto per preparare deliziose ricette sane e sostenibili.

Con la mia esperienza di giardinaggio e la mia passione per la cucina vegana, spero di offrirti una guida completa e accessibile alla coltivazione dell'orto urbano. Che tu sia un principiante o un esperto giardiniere, questa guida ti fornirà le informazioni e le conoscenze necessarie per iniziare a coltivare il tuo cibo fresco e sano anche in spazi limitati.

Non vedo l'ora di condividere con te questo viaggio nella coltivazione dell'orto urbano, e di scoprire insieme il piacere di mangiare verdure fresche e sane coltivate con le tue mani. Buona lettura!

Capitolo 1:
Introduzione all'orto urbano

L'orto urbano è un'attività che sta diventando sempre più popolare tra coloro che cercano di coltivare il proprio cibo, anche nelle città. In questo capitolo, presentiamo il nostro libro "L'orto in città: come coltivare cibo fresco e sano anche in spazi limitati", che ha lo scopo di fornire ai lettori le informazioni e le conoscenze necessarie per coltivare un orto urbano con successo. In primo luogo, presentiamo gli obiettivi della nostra guida. Con questo libro, vogliamo fornire ai lettori una guida dettagliata sulla coltivazione dell'orto urbano, mostrando come è possibile coltivare verdure fresche e saporite anche in spazi limitati. Inoltre, ci concentriamo sui benefici dell'orto urbano per la salute e l'ambiente, spiegando come questo tipo di attività possa aiutare a migliorare la qualità della vita delle persone e a ridurre l'impatto ambientale.

In questo capitolo, iniziamo con la presentazione del nostro libro e degli obiettivi della guida. Spieghiamo che cosa possono aspettarsi i lettori dal nostro libro e come possono utilizzarlo per coltivare il proprio cibo. In seguito, discutiamo dei benefici dell'orto urbano per la salute e l'ambiente. Mostriamo come l'orto urbano possa fornire verdure fresche e sane, riducendo la dipendenza dai prodotti confezionati e migliorando la salute delle persone. Inoltre, spieghiamo come la coltivazione dell'orto urbano possa contribuire a ridurre l'impatto ambientale, limitando la produzione di rifiuti e la distanza percorsa dai prodotti alimentari.

Infine, presentiamo una breve storia dell'orto urbano. Mostrando come l'orto urbano sia stato utilizzato in passato per rispondere alle esigenze alimentari delle comunità in situazioni di emergenza, come le guerre o le crisi economiche.

Questo capitolo costituisce un'introduzione importante alla guida e offre ai lettori una panoramica degli argomenti trattati nel libro. Mostra come l'orto urbano possa essere utile sia per la salute che per l'ambiente, e come questa attività sia stata utilizzata storicamente per rispondere alle necessità alimentari delle comunità.

In sintesi, questo capitolo è il punto di partenza per la scoperta dell'orto urbano, spiegando i motivi per cui coltivare il proprio cibo e le radici storiche di questa attività. Ora che abbiamo presentato gli obiettivi e gli argomenti trattati nella nostra guida, nel prossimo capitolo passeremo alla preparazione del terreno e alla scelta delle piante adatte alla coltivazione urbana.

Presentazione del libro e degli obiettivi della guida

La presentazione del libro e degli obiettivi della guida è un elemento fondamentale per introdurre i lettori all'argomento trattato e per fornire loro una panoramica degli obiettivi della guida stessa. In questo capitolo, abbiamo presentato il nostro libro "L'orto in città: come coltivare cibo fresco e sano anche in spazi limitati" e abbiamo spiegato gli obiettivi che ci prefiggiamo con questa guida. In particolare, vogliamo fornire ai lettori le informazioni e le conoscenze necessarie per coltivare il proprio orto urbano con successo, anche in spazi limitati.

Il nostro libro si rivolge a tutte le persone che sono interessate alla coltivazione del proprio cibo e che vogliono scoprire come sia possibile farlo anche in città, dove gli spazi verdi sono spesso limitati. Con la nostra guida, vogliamo dimostrare che coltivare il proprio cibo può essere facile e divertente, anche senza avere un grande giardino o un terreno a disposizione.

Il nostro obiettivo principale è quello di fornire ai lettori le informazioni necessarie per iniziare a coltivare l'orto urbano, offrendo una panoramica completa delle tecniche di coltivazione e delle piante adatte alla coltivazione in città. In questo modo, i lettori potranno imparare a scegliere il terreno e i contenitori giusti, a selezionare le piante adatte alla loro zona e alla stagione, e a utilizzare le tecniche di coltivazione più efficaci.

Inoltre, la guida offre una panoramica dei benefici dell'orto urbano per la salute e l'ambiente, spiegando come questa attività possa aiutare a migliorare la qualità della vita delle persone e a ridurre l'impatto ambientale.

La presentazione del libro e degli obiettivi della guida è dunque un elemento essenziale per fornire ai lettori una visione completa dell'argomento trattato e per spiegare quali sono gli obiettivi della guida stessa. Con il nostro libro, speriamo di fornire ai lettori le conoscenze e le informazioni necessarie per coltivare il proprio cibo anche in spazi limitati, e di diffondere la cultura dell'orto urbano come strumento per migliorare la salute e l'ambiente.

◈ Benefici dell'orto urbano per la salute e l'ambiente

Gli orti urbani rappresentano un'importante fonte di alimenti freschi e sani, che contribuiscono ad una dieta equilibrata e all'adozione di uno stile di vita sano. Ma i benefici dell'orto urbano non si limitano solo alla salute: questa attività è anche un'ottima soluzione per ridurre l'impatto ambientale della produzione e del trasporto di alimenti.

Coltivare il proprio cibo in città permette di avere un controllo maggiore sulla qualità e sulla freschezza degli alimenti che si consumano. Si possono evitare gli additivi chimici utilizzati nella produzione industriale e gli alimenti che hanno viaggiato per lunghe distanze prima di arrivare al consumatore. Inoltre, si possono selezionare le varietà di piante che si preferiscono, privilegiando le varietà locali e tradizionali. Inoltre, l'orto urbano è un'attività che comporta un certo impegno fisico e che può essere una valida alternativa all'attività sportiva. La coltivazione dell'orto richiede infatti una serie di lavori manuali, come la preparazione del terreno, la semina, il trapianto e la raccolta delle piante, che possono contribuire a mantenere in forma.

Ma l'orto urbano non è solo benefico per la salute dei singoli individui. Questa attività può anche contribuire a ridurre l'impatto ambientale della produzione e del trasporto di alimenti. Coltivare il proprio cibo in città significa infatti ridurre le emissioni di CO_2 prodotte dal trasporto degli alimenti e ridurre la quantità di imballaggi necessari per la loro conservazione. Inoltre, l'orto urbano può essere un'opportunità per recuperare spazi verdi abbandonati e creare comunità più forti e coese. La coltivazione dell'orto può infatti essere una attività condivisa tra vicini di casa e amici, che possono condividere i propri prodotti e scambiarsi consigli e esperienze. In sintesi, gli orti urbani sono un'attività benefica per la salute degli individui e per l'ambiente in cui viviamo. Coltivare il proprio cibo in città significa avere un controllo maggiore sulla qualità degli alimenti che si consumano e contribuire a ridurre l'impatto ambientale della produzione e del trasporto di alimenti. Inoltre, l'orto urbano può rappresentare un'opportunità per creare comunità più forti e coese e recuperare spazi verdi abbandonati.

⬦ Storia dell'orto urbano

La storia dell'orto urbano risale a molti secoli fa, quando le città si sono sviluppate e gli spazi verdi si sono ridotti drasticamente. In passato, gli orti urbani erano spesso coltivati nelle periferie delle città, dove i terreni erano più fertili e la disponibilità di spazio era maggiore. La coltivazione dell'orto urbano ha rappresentato una soluzione per far fronte alle esigenze alimentari delle comunità urbane.

Durante la prima guerra mondiale, l'orto urbano divenne ancora più importante, poiché i paesi in guerra dovevano fare i conti con la scarsità di alimenti. Gli orti urbani furono utilizzati per coltivare cibo fresco e sano per la popolazione, fornendo un'importante fonte di sostentamento durante un periodo di crisi.

Negli anni '60 e '70, la coltivazione dell'orto urbano divenne un simbolo di protesta contro il sistema industriale e la dipendenza dai prodotti alimentari prodotti a livello industriale. La coltivazione dell'orto urbano fu vista come una forma di resistenza al sistema dominante, che promuoveva la produzione di massa e il consumo di prodotti alimentari confezionati.

Oggi, l'orto urbano è diventato ancora più popolare grazie alla crescente attenzione verso uno stile di vita più sano e sostenibile. Le persone si stanno rendendo conto dei benefici della coltivazione del proprio cibo fresco e sano, e della necessità di ridurre l'impatto ambientale della produzione e del trasporto di alimenti.

Inoltre, la coltivazione dell'orto urbano sta diventando sempre più accessibile grazie alle nuove tecnologie e alle soluzioni innovative per la coltivazione in spazi limitati. Oggi esistono numerosi progetti che promuovono la coltivazione dell'orto urbano nelle città, come giardini comunitari e progetti di coltivazione verticale. In sintesi, la storia dell'orto urbano rappresenta una testimonianza della capacità dell'uomo di adattarsi alle circostanze e di trovare soluzioni creative per far fronte alle proprie necessità. Oggi, la coltivazione dell'orto urbano sta diventando sempre più popolare grazie alla crescente attenzione verso uno stile di vita più sano e sostenibile, e alla disponibilità di nuove tecnologie e soluzioni innovative per la coltivazione in spazi limitati.

Capitolo 2:
Preparazione del terreno

Il Capitolo 2 del nostro libro "L'orto in città: come coltivare cibo fresco e sano anche in spazi limitati" è dedicato alla preparazione del terreno per la coltivazione dell'orto urbano. In questo capitolo, approfondiamo i passi necessari per preparare il terreno in modo da garantire una coltivazione sana ed efficace, anche in spazi limitati. Il primo passo per la creazione dell'orto urbano è individuare lo spazio adatto alla coltivazione in città. Questo può essere un balcone, una terrazza, un cortile o un giardino. È importante valutare le dimensioni e le caratteristiche dello spazio a disposizione, in modo da scegliere le piante adatte alla zona e alla stagione. Dopo aver individuato lo spazio adatto alla coltivazione, è necessario preparare il terreno e scegliere i contenitori adatti alle piante scelte. È importante valutare la natura del terreno e la sua fertilità, in modo da scegliere i fertilizzanti giusti e garantire una coltivazione sana ed efficace.

L'importanza del terreno e dei fertilizzanti è un aspetto fondamentale per la coltivazione dell'orto urbano. Il terreno deve essere arricchito con sostanze nutritive, in modo da garantire una crescita sana e rigogliosa delle piante. I fertilizzanti naturali, come il compost, il letame e i resti di cibo, possono essere utilizzati per arricchire il terreno e garantire una coltivazione sana ed efficace. La scelta dei contenitori è un altro aspetto importante per la coltivazione dell'orto urbano. In spazi limitati, i contenitori possono essere utilizzati per coltivare piante che normalmente richiedono molto spazio, come pomodori, zucchine e melanzane. È importante scegliere i contenitori giusti in base alle esigenze delle piante, assicurandosi che siano abbastanza grandi da contenere le radici e sufficientemente profondi per garantire un corretto drenaggio dell'acqua. Il Capitolo 2 del nostro libro è dedicato alla preparazione del terreno per la coltivazione dell'orto urbano. In questo capitolo, abbiamo spiegato i passi necessari per individuare lo spazio adatto alla coltivazione, preparare il terreno e scegliere i contenitori giusti. Inoltre, abbiamo approfondito l'importanza del terreno e dei fertilizzanti per garantire una coltivazione sana ed efficace. Con questo capitolo, speriamo di fornire ai lettori le informazioni necessarie per iniziare a coltivare il proprio orto urbano con successo, anche in spazi limitati.

Identificazione dello spazio adatto alla coltivazione in città

L'identificazione dello spazio adatto alla coltivazione in città è il primo passo fondamentale per la creazione di un orto urbano. La scelta dello spazio giusto dipende dalle dimensioni dell'orto e dalle piante che si desidera coltivare. In città, gli spazi verdi sono spesso limitati, ma ci sono ancora molte soluzioni creative per coltivare cibo fresco e sano anche in spazi ristretti. Il primo passo per individuare lo spazio adatto alla coltivazione in città è valutare le dimensioni a disposizione. Se si dispone di un balcone o di una terrazza, è possibile utilizzare contenitori di diverse dimensioni per coltivare le piante. Se si dispone di un piccolo cortile o di un giardino, è possibile creare aiuole o utilizzare i bordi del prato per coltivare le piante. È importante valutare anche la posizione dello spazio a disposizione. È necessario scegliere un'area che riceva sufficiente luce solare e che sia protetta dai venti forti e dalle correnti d'aria. Inoltre, è importante valutare anche la presenza di piante già esistenti, in modo da scegliere piante che si adattino alle condizioni del terreno e alla presenza di altre piante. Inoltre, è importante valutare anche l'accessibilità dello spazio scelto. Se si dispone di un balcone o di una terrazza, è necessario assicurarsi che sia facile raggiungere le piante per innaffiarle e curarle. Se si coltiva in un cortile o in un giardino, è necessario valutare la presenza di eventuali ostacoli, come muri o alberi, che possano impedire l'accesso alle piante. Infine, è importante considerare anche le regole e le norme relative alla coltivazione in città. In molte città, esistono regole specifiche che regolano la coltivazione dell'orto urbano, come la dimensione massima degli orti o il tipo di piante che è possibile coltivare. In sintesi, l'identificazione dello spazio adatto alla coltivazione in città è il primo passo fondamentale per la creazione di un orto urbano. È importante valutare le dimensioni dello spazio, la posizione, l'accessibilità e le eventuali regole e norme relative alla coltivazione in città. Con una buona pianificazione e una scelta oculata dello spazio, è possibile creare un orto urbano sano ed efficace anche in spazi limitati.

◈ Preparazione del terreno e scelta dei contenitori

La preparazione del terreno e la scelta dei contenitori sono due aspetti fondamentali per la coltivazione dell'orto urbano. In spazi limitati, come un balcone o una terrazza, è spesso necessario utilizzare contenitori per coltivare le piante, mentre in un cortile o in un giardino si possono creare aiuole. È importante scegliere i contenitori e il terreno giusti per garantire una coltivazione sana ed efficace. Per preparare il terreno, è necessario valutare la sua fertilità e la sua composizione. Il terreno deve essere arricchito con sostanze nutritive, come il compost, il letame e i resti di cibo, in modo da garantire una crescita sana e rigogliosa delle piante. Inoltre, è importante scegliere il tipo di terreno giusto in base alle esigenze delle piante che si desidera coltivare. Per quanto riguarda i contenitori, è importante scegliere quelli giusti in base alle esigenze delle piante. È importante valutare le dimensioni del contenitore, la sua forma e la sua capacità di drenare l'acqua in eccesso. I contenitori devono essere abbastanza grandi da contenere le radici delle piante e sufficientemente profondi per garantire un corretto drenaggio dell'acqua. È possibile utilizzare contenitori di diversi materiali, come la terracotta, la plastica o il legno. La terracotta è un materiale molto utilizzato per la coltivazione in contenitori, in quanto garantisce un buon drenaggio dell'acqua. La plastica è un altro materiale molto utilizzato, in quanto è leggero e facile da trasportare. Il legno è un materiale che conferisce un aspetto naturale all'orto urbano, ma richiede cure maggiori per evitare la formazione di muffe o di parassiti. Inoltre, è importante scegliere i contenitori in base alle esigenze delle piante. Le piante che richiedono molta acqua, come le zucchine o i pomodori, richiedono contenitori più grandi e profondi rispetto alle piante che richiedono meno acqua, come le erbe aromatiche. In sintesi, la preparazione del terreno e la scelta dei contenitori sono due aspetti fondamentali per la coltivazione dell'orto urbano. È importante valutare la fertilità del terreno e scegliere il tipo di terreno giusto in base alle esigenze delle piante. Inoltre, è importante scegliere i contenitori giusti in base alle esigenze delle piante e alle dimensioni dello spazio a disposizione. Con una buona scelta di terreno e contenitori, è possibile garantire una coltivazione sana ed efficace anche in spazi limitati.

◈ L'importanza del terreno e dei fertilizzanti

Il terreno e i fertilizzanti sono elementi fondamentali per la coltivazione dell'orto urbano. Il terreno fornisce alle piante i nutrienti di cui hanno bisogno per crescere e prosperare, mentre i fertilizzanti forniscono sostanze nutritive aggiuntive per garantire una crescita sana ed efficace delle piante. Il terreno è composto da una miscela di sostanze organiche e inorganiche, tra cui minerali, acqua, aria, materia organica e microorganismi. È importante valutare la composizione del terreno in modo da scegliere il tipo di fertilizzante più adatto. Se il terreno è povero di sostanze nutritive, è necessario arricchirlo con compost, letame o altri fertilizzanti naturali. Se il terreno è troppo denso o povero di ossigeno, è necessario areare il terreno e aggiungere sostanze che migliorano il drenaggio dell'acqua. I fertilizzanti forniscono alle piante i nutrienti di cui hanno bisogno per crescere. I fertilizzanti naturali, come il compost, il letame e i resti di cibo, sono molto utilizzati per arricchire il terreno in modo naturale. I fertilizzanti chimici, come l'azoto, il fosforo e il potassio, sono utilizzati per migliorare la crescita delle piante e aumentare il raccolto. È importante utilizzare i fertilizzanti in modo equilibrato, in modo da non danneggiare le piante o l'ambiente circostante. L'eccesso di fertilizzanti chimici può causare problemi di inquinamento delle acque sotterranee e dell'ambiente circostante. È quindi importante valutare attentamente la quantità di fertilizzante da utilizzare in base alle esigenze delle piante e alle condizioni del terreno. Inoltre, è importante valutare anche la presenza di parassiti o malattie del terreno. I parassiti possono danneggiare le piante e compromettere la crescita e il raccolto. È importante utilizzare tecniche di prevenzione e cura naturale per limitare il rischio di infestazioni da parassiti. In sintesi, il terreno e i fertilizzanti sono elementi fondamentali per la coltivazione dell'orto urbano. È importante valutare la composizione del terreno e scegliere il tipo di fertilizzante più adatto alle esigenze delle piante. È importante utilizzare i fertilizzanti in modo equilibrato e prevenire eventuali infestazioni da parassiti. Con una corretta gestione del terreno e dei fertilizzanti, è possibile garantire una coltivazione sana ed efficace dell'orto urbano.

Capitolo 3:
Scelta delle piante

La scelta delle piante è un elemento fondamentale per la creazione di un orto urbano. In questo capitolo, verranno analizzati i diversi fattori da tenere in considerazione nella scelta delle piante, come l'ambiente urbano, la stagione e le esigenze delle piante stesse. La selezione delle piante adatte per l'ambiente urbano è un fattore importante da considerare. Le piante scelte devono essere adatte alle condizioni dell'ambiente urbano, come la presenza di inquinamento atmosferico o di luce solare limitata. Inoltre, le piante scelte devono essere in grado di adattarsi alle temperature e alle condizioni di vento presenti in città. È importante anche scegliere le piante in base alla stagione. Alcune piante sono adatte alla coltivazione in inverno, mentre altre sono adatte alla coltivazione in primavera o in estate. È importante quindi scegliere le piante giuste in base alla stagione in cui si intende coltivarle. Per scegliere le piante giuste, è importante considerare le esigenze delle piante stesse. Alcune piante richiedono molta acqua, mentre altre richiedono meno. Alcune piante necessitano di molta luce solare, mentre altre possono crescere anche in condizioni di luce limitata. È importante scegliere le piante giuste in base alle proprie esigenze e alle condizioni dell'ambiente in cui si intende coltivarle. Suggerimenti per la scelta delle piante includono la scelta di piante resistenti alle malattie e ai parassiti, la scelta di piante che possono essere coltivate in contenitori e la scelta di piante che possono essere raccolte in modo continuo durante tutta la stagione. Inoltre, è importante scegliere piante che siano adatte al proprio livello di esperienza nella coltivazione. In sintesi, la scelta delle piante è un elemento fondamentale per la creazione di un orto urbano. È importante selezionare le piante giuste in base all'ambiente urbano, alla stagione e alle esigenze delle piante stesse. Con la giusta scelta di piante, è possibile garantire una coltivazione sana ed efficace dell'orto urbano.

Selezione delle piante adatte per l'ambiente urbano

La selezione delle piante giuste è un aspetto fondamentale nella creazione di un orto urbano. Per avere successo nella coltivazione di piante in un ambiente urbano, è importante scegliere piante che siano adatte a queste condizioni. L'ambiente urbano può presentare diversi fattori sfavorevoli per la coltivazione di piante. L'inquinamento atmosferico, ad esempio, può compromettere la salute delle piante e influire sulla qualità dei raccolti. Inoltre, la presenza di edifici e di altri ostacoli può limitare la quantità di luce solare che le piante ricevono durante il giorno. Infine, le temperature nelle città possono essere più elevate rispetto alle zone rurali circostanti, il che può influire sulla crescita e sullo sviluppo delle piante. È importante quindi scegliere piante che siano in grado di adattarsi alle condizioni dell'ambiente urbano. Alcune piante, ad esempio, sono in grado di tollerare l'inquinamento atmosferico e la mancanza di luce solare. Altre piante, invece, necessitano di una maggiore quantità di luce solare e di un'aria più pulita per prosperare. In generale, le piante adatte per l'ambiente urbano sono quelle che possono essere coltivate in contenitori, come le erbe aromatiche, le verdure e le piante da frutto. Le piante che richiedono molta acqua, come i pomodori, possono essere coltivate con successo in contenitori più grandi, mentre le piante che richiedono meno acqua, come le erbe aromatiche, possono essere coltivate in contenitori più piccoli. Inoltre, è importante scegliere piante che siano resistenti alle malattie e ai parassiti. La scelta di piante resistenti ai parassiti e alle malattie può aiutare a prevenire eventuali infestazioni e a garantire una coltivazione sana ed efficace. Ci sono numerose piante adatte per l'ambiente urbano che possono essere coltivate con successo in un orto urbano. Qui di seguito vengono elencate alcune delle piante più comuni e adatte per l'ambiente urbano.

- Le erbe aromatiche sono piante che prosperano in ambienti urbani. Piante come basilico, prezzemolo, timo, salvia, origano e rosmarino sono molto resistenti e possono essere coltivate in contenitori o in giardini verticali.
- Le verdure adatte all'ambiente urbano includono la lattuga, gli spinaci, i pomodori, i peperoni e le melanzane. Queste piante possono essere coltivate in contenitori o in giardini verticali e richiedono una moderata quantità di acqua e luce solare.
- I frutti adatti all'ambiente urbano includono le fragole, le more e i mirtilli. Questi frutti possono essere coltivati in contenitori o in giardini verticali e richiedono una moderata quantità di luce solare.
- Inoltre, le piante grasse sono molto resistenti e adattabili all'ambiente urbano. Piante come cactus e succulente richiedono poche cure e sono in grado di sopravvivere anche in ambienti con bassa umidità.
- Infine, le piante ornamentali come i fiori possono essere coltivate in un orto urbano per aggiungere colore e bellezza. Fiori come petunie, gerani e calendule sono resistenti e possono essere coltivati in contenitori o in giardini verticali.

In sintesi, ci sono numerose piante adatte per l'ambiente urbano che possono essere coltivate con successo in un orto. Erbe aromatiche, verdure, frutti, piante grasse e fiori sono solo alcune delle piante adatte per essere coltivate con successo in un orto di città. La selezione delle piante adatte è un aspetto fondamentale per la creazione di un orto urbano. È importante scegliere piante che siano in grado di adattarsi alle condizioni tipiche, come l'inquinamento atmosferico e la mancanza di luce solare. Con la giusta selezione di piante, è possibile garantire una coltivazione sana ed efficace nel nostro piccolo orticello di città.

Cosa coltivare a seconda della stagione

La stagione in cui si intende coltivare le piante è un fattore fondamentale da considerare nella scelta delle piante da coltivare in un orto urbano. Le piante hanno esigenze specifiche in termini di clima e condizioni ambientali e non tutte le piante possono essere coltivate durante tutto l'anno. In generale, la primavera e l'estate sono le stagioni migliori per coltivare la maggior parte delle piante. Durante questi periodi, le temperature sono più miti e le giornate sono più lunghe, il che favorisce la crescita e lo sviluppo delle piante. In primavera, ad esempio, è possibile coltivare lattuga, rucola, spinaci, carote, cipolle e patate. In estate, invece, si possono coltivare pomodori, zucchine, cetrioli, peperoni, melanzane, fagiolini e fagioli. In autunno, le temperature iniziano a scendere e le giornate si accorciano, il che rende la coltivazione di alcune piante meno efficace. In questo periodo, è possibile coltivare verdure a foglia come cavoli, bietole e spinaci, ma anche piante da radice come le carote e le barbabietole. In inverno, la coltivazione diventa più difficile poiché le temperature sono molto basse e la luce solare è limitata. Tuttavia, è ancora possibile coltivare alcune piante come cavoli, spinaci, carote e cipolle. È possibile utilizzare tecniche di coltivazione invernale come la copertura con tessuti termici o la coltivazione in serra per migliorare le condizioni di crescita. È importante considerare anche le esigenze specifiche delle piante in termini di esposizione alla luce solare e alle condizioni di temperatura. Ad esempio, le piante a foglia verde come la lattuga e gli spinaci possono tollerare temperature più basse, ma hanno bisogno di molta luce solare. Al contrario, le piante da frutto come i pomodori richiedono temperature più elevate e molta luce solare. In sintesi, la scelta delle piante da coltivare in un orto urbano dipende dalle stagioni. In primavera ed estate, è possibile coltivare una vasta gamma di piante, mentre in autunno e in inverno le opzioni sono limitate. È importante anche considerare le esigenze specifiche delle piante in termini di esposizione alla luce solare e alle condizioni di temperatura. Con la giusta scelta di piante e tecniche di coltivazione, è possibile ottenere un orto urbano sano ed efficace durante tutto l'anno.

Suggerimenti per la scelta delle piante

La scelta delle piante è un aspetto cruciale nella creazione di un orto urbano. Ci sono numerose piante tra cui scegliere, ma è importante selezionare quelle più adatte alle esigenze dell'orto e dell'ambienti urbano in cui si trova. Di seguito sono riportati alcuni suggerimenti utili per aiutare a scegliere le piante giuste per l'orto urbano. Innanzitutto, è importante considerare l'esperienza di coltivazione dell'orticoltore. Alcune piante sono più facili da coltivare rispetto ad altre e richiedono meno cure. Ad esempio, le erbe aromatiche come il basilico, il timo e il prezzemolo sono facili da coltivare e non richiedono molte cure. Al contrario, alcune verdure come i pomodori e i cetrioli richiedono più attenzione e possono essere più difficili da coltivare. In secondo luogo, è importante scegliere piante che siano adatte alle condizioni ambientali dell'orto. Ad esempio, le piante che richiedono molta luce solare non saranno adatte a un'area ombreggiata. Inoltre, alcune piante potrebbero richiedere più acqua o meno umidità rispetto ad altre, quindi è importante scegliere piante adatte alle condizioni climatiche dell'ambiente in cui si trova l'orto. In terzo luogo, è importante scegliere piante che siano resistenti alle malattie e ai parassiti. Le piante resistenti sono meno suscettibili alle malattie e ai parassiti e possono sopravvivere meglio in un ambiente urbano dove la densità della popolazione di insetti e parassiti può essere più elevata. Infine, è importante scegliere piante che possano essere coltivate in contenitori, poiché spesso l'orto urbano si trova in spazi limitati come balconi o terrazze. Le piante che possono essere coltivate in contenitori includono molte erbe aromatiche, verdure e frutti, ma anche piante ornamentali come i fiori. In sintesi, la scelta delle piante giuste per l'orto urbano richiede attenzione e cura. È importante scegliere piante adatte alle esigenze dell'orto e alle condizioni dell'ambiente urbano. La scelta delle piante giuste può fare la differenza tra una coltivazione sana ed efficace dell'orto e una che fallisce. Con la giusta selezione di piante, l'orto urbano può diventare una fonte di cibo fresco e sano e di bellezza per l'ambiente urbano circostante.

Capitolo 4:
Tecniche di coltivazione

Il capitolo 4 del nostro libro "Guida all'orto urbano" si concentra sulle tecniche di coltivazione che possono essere utilizzate per ottenere una produzione abbondante e sana di frutta, verdura ed erbe aromatiche. In questo capitolo verranno illustrate le tecniche di semina, trapianto e potatura delle piante, l'importanza dell'irrigazione e del drenaggio delle piante, e come affrontare i problemi di malattie e parassiti. Le tecniche di semina, trapianto e potatura delle piante sono fondamentali per garantire una corretta crescita delle piante dell'orto urbano. La semina corretta delle piante è importante per garantire che le piante germoglino correttamente. La tecnica del trapianto consente alle piante di crescere in contenitori e di essere trasferite in un terreno più ampio una volta che le radici hanno raggiunto una dimensione adeguata. La potatura delle piante permette di eliminare i rami morti o malati e di stimolare la crescita dei rami sani. L'irrigazione è un'altra tecnica importante nella coltivazione delle piante dell'orto urbano. L'acqua è essenziale per la crescita delle piante e una corretta irrigazione è necessaria per garantire che le piante abbiano abbastanza acqua senza che le radici marciscano. Inoltre, il drenaggio è importante per evitare che l'acqua si accumuli intorno alle radici delle piante e provochi marciume radicale. Infine, l'affrontare i problemi di malattie e parassiti è un aspetto importante della coltivazione delle piante dell'orto urbano. Ci sono numerose tecniche di controllo dei parassiti e delle malattie, tra cui l'uso di pesticidi naturali, la rotazione delle colture e l'eliminazione delle piante malate. In sintesi, il capitolo 4 si concentra sulle tecniche di coltivazione necessarie per ottenere una produzione sana e abbondante di frutta, verdura ed erbe aromatiche. La semina, il trapianto e la potatura delle piante sono tecniche importanti per garantire la corretta crescita delle piante dell'orto urbano. L'irrigazione e il drenaggio sono importanti per garantire che le piante abbiano abbastanza acqua senza che le radici marciscano. Infine, l'affrontare i problemi di malattie e parassiti è un aspetto importante della coltivazione delle piante dell'orto urbano e ci sono numerose tecniche di controllo dei parassiti e delle malattie che possono essere utilizzate.

Tecniche di semina, trapianto e potatura

Le tecniche di semina, trapianto e potatura sono fondamentali nella coltivazione delle piante dell'orto urbano. Una corretta semina delle piante è essenziale per garantire che le piante germoglino correttamente e crescano sani. Le tecniche di semina possono variare in base al tipo di pianta, ma in generale è importante garantire che i semi siano piantati alla profondità corretta e in un terreno adeguatamente preparato. Una volta che le piante hanno raggiunto una dimensione adeguata, è possibile procedere con il trapianto in un terreno più ampio. Il trapianto delle piante è un'operazione delicata e richiede attenzione per evitare di danneggiare le radici. È importante preparare il terreno in anticipo e fare attenzione a non trapiantare le piante in un terreno troppo freddo o troppo secco. La potatura delle piante è un'altra tecnica importante nella coltivazione delle piante dell'orto urbano. La potatura consente di eliminare i rami morti o malati e di stimolare la crescita dei rami sani. La potatura può essere effettuata a seconda del tipo di pianta e del periodo dell'anno in cui viene effettuata. Ad esempio, le piante a frutto come i pomodori e le zucchine possono essere potate per stimolare la crescita dei frutti e migliorare la qualità del raccolto. Inoltre, è importante fare attenzione alle tecniche di potatura delle piante per evitare di danneggiarle o comprometterne la salute. La potatura eccessiva può causare uno stress alla pianta e comprometterne la capacità di produrre frutti e verdure. Per questo motivo, è importante conoscere bene le esigenze delle piante e seguire le tecniche di potatura consigliate per ogni tipo di pianta. In sintesi, le tecniche di semina, trapianto e potatura sono fondamentali nella coltivazione delle piante dell'orto urbano. Una corretta semina è essenziale per garantire la corretta germinazione delle piante, mentre il trapianto consente alle piante di crescere in un terreno più ampio una volta che le radici hanno raggiunto una dimensione adeguata. La potatura è importante per eliminare i rami malati e stimolare la crescita dei rami sani, ma deve essere effettuata con attenzione per evitare di danneggiare le piante. Con la giusta conoscenza delle tecniche di coltivazione, è possibile ottenere una produzione sana e abbondante di frutta, verdura ed erbe aromatiche dall'orto urbano.

- Tecniche di semina

Le tecniche di semina sono fondamentali per garantire una corretta germinazione delle piante nell'orto urbano. La semina può variare a seconda del tipo di pianta e del clima della regione in cui si trova l'orto. In generale, esistono alcune tecniche comuni di semina che possono essere utilizzate per la maggior parte delle piante. La prima cosa da fare per una corretta semina è scegliere i semi giusti per le piante. I semi devono essere di alta qualità e freschi. Inoltre, è importante scegliere i semi giusti in base al clima e al periodo dell'anno in cui si intende seminare. Ad esempio, le piante che richiedono un clima caldo come i pomodori e i peperoni dovrebbero essere seminati in primavera, mentre le piante che richiedono un clima fresco come i cetrioli e i broccoli dovrebbero essere seminati in autunno. Una volta scelti i semi giusti, è importante preparare il terreno in modo adeguato. Il terreno deve essere sciolto e ben drenato per garantire una corretta germinazione dei semi. Inoltre, il terreno deve essere arricchito con compost o fertilizzante organico per fornire alle piante i nutrienti di cui hanno bisogno per crescere. Dopo aver preparato il terreno, è possibile procedere alla semina dei semi. I semi devono essere piantati alla profondità giusta, che varia a seconda delle dimensioni dei semi. In generale, i semi più grandi vengono piantati più in profondità rispetto a quelli più piccoli. Una volta piantati i semi, è importante garantire che vengano annaffiati regolarmente. L'acqua è essenziale per la germinazione dei semi e per far crescere le piante. Tuttavia, è importante non annaffiare troppo le piante, poiché un'eccessiva umidità può causare la decomposizione dei semi. Infine, una volta che le piante hanno germogliato, è importante mantenere il terreno umido e fornire alle piante i nutrienti di cui hanno bisogno per crescere. Inoltre, è importante proteggere le piante dalle intemperie e dai parassiti per garantire una corretta crescita. In sintesi, le tecniche di semina sono fondamentali per garantire una corretta germinazione delle piante nell'orto urbano. È importante scegliere i semi giusti, preparare il terreno in modo adeguato e annaffiare regolarmente le piante. Con la giusta attenzione alle tecniche di semina, è possibile ottenere una produzione sana e abbondante di frutta, verdura ed erbe aromatiche nell'orto urbano.

- Tecniche di trapianto

IL TRAPIANTO È UNA tecnica fondamentale nella coltivazione delle piante dell'orto urbano, poiché permette alle piante di crescere in contenitori prima di essere trasferite in un terreno più ampio. Il trapianto delle piante richiede attenzione per evitare di danneggiare le radici e compromettere la crescita delle piante stesse. Qui di seguito, verranno illustrate le tecniche di trapianto per garantire una corretta crescita delle piante. La prima cosa da fare per un trapianto corretto è preparare il terreno in cui le piante saranno trapiantate. Il terreno deve essere ben drenato e arricchito con compost o fertilizzante organico per garantire una corretta crescita delle piante. Inoltre, è importante preparare il terreno in anticipo, in modo che sia pronto per il trapianto. Una volta preparato il terreno, è possibile procedere con il trapianto delle piante. La prima cosa da fare è rimuovere le piante dai contenitori in cui sono state coltivate. È importante fare attenzione a non danneggiare le radici delle piante durante questa operazione. In generale, le piante devono essere trapiantate quando hanno raggiunto una dimensione sufficiente per sopportare il trapianto e le radici hanno cominciato a riempire il contenitore. Una volta rimosse le piante dal contenitore, è possibile procedere con il trapianto. È importante fare un buco sufficientemente grande nel terreno e posizionare la pianta al centro del buco. Poi, si riempie il buco con il terreno circostante e si preme delicatamente intorno alla base della pianta. Dopo aver trapiantato le piante, è importante annaffiarle per garantire che abbiano abbastanza acqua per sopravvivere. Inoltre, è importante evitare di sovraffollare le piante nel terreno e garantire che siano ben spaziate. Infine, è importante proteggere le piante trapiantate dalle intemperie e dai parassiti. Ad esempio, è possibile utilizzare un tessuto protettivo per coprire le piante durante i primi giorni dopo il trapianto, per proteggerle dal sole e dal vento. In sintesi, il trapianto è una tecnica importante nella coltivazione delle piante dell'orto urbano. È importante preparare il terreno in anticipo, rimuovere le piante dal contenitore senza danneggiare le radici, trapiantare le piante nel terreno, annaffiarle e proteggerle dalle intemperie e dai parassiti. Con la giusta attenzione al trapianto, è possibile garantire una corretta crescita delle piante e ottenere una produzione sana e abbondante di frutta, verdura ed erbe aromatiche.

- Tecniche di potatura

La potatura è una tecnica di coltivazione importante nell'orto urbano che consiste nell'eliminare rami e foglie in eccesso dalle piante per favorire la crescita di rami più sani e produttivi. La potatura può essere effettuata in diverse fasi della crescita delle piante e deve essere eseguita con cura per evitare di danneggiare la pianta. La prima cosa da fare per una corretta potatura è esaminare la pianta e individuare i rami morti, malati o danneggiati. Questi rami dovrebbero essere eliminati per favorire la crescita di rami più sani. Inoltre, è possibile eliminare i rami che crescono in modo errato o che si sovrappongono ad altri rami, in modo da favorire la circolazione dell'aria e la luce solare. Un'altra tecnica di potatura è la potatura di formazione, che consiste nel modellare la pianta per favorire una forma desiderata o per contenere la crescita delle piante che tendono a crescere in modo incontrollato. Ad esempio, le piante a frutto come i pomodori e le zucchine possono essere potate per stimolare la crescita dei frutti e migliorare la qualità del raccolto. La potatura deve essere eseguita con attenzione per evitare di danneggiare la pianta. È importante utilizzare forbici da potatura affilate e pulite per evitare di strappare o schiacciare i rami. Inoltre, è importante sterilizzare le forbici da potatura tra una pianta e l'altra per evitare la diffusione di malattie. La potatura può essere effettuata in diverse fasi della crescita delle piante, a seconda del tipo di pianta e del periodo dell'anno in cui viene effettuata. Ad esempio, la potatura delle piante a frutto può essere effettuata quando la pianta inizia a fruttificare, mentre la potatura delle piante da foglia può essere effettuata durante la stagione di crescita. In sintesi, la potatura è una tecnica importante nella coltivazione delle piante dell'orto urbano. È importante eliminare i rami morti, malati o danneggiati, modellare la pianta per favorire una forma desiderata e stimolare la crescita dei rami sani. La potatura deve essere eseguita con attenzione utilizzando forbici da potatura affilate e pulite e sterilizzate tra una pianta e l'altra. Con la giusta attenzione alla potatura, è possibile garantire una corretta crescita delle piante e ottenere una produzione sana e abbondante di frutta, verdura ed erbe aromatiche.

Irrigazione e drenaggio per le piante dell'orto urbano

L'irrigazione e il drenaggio sono due aspetti fondamentali nella coltivazione delle piante dell'orto urbano. L'acqua è essenziale per la crescita delle piante, ma un'irrigazione eccessiva o insufficiente può causare problemi alle piante e compromettere la produzione. Inoltre, un buon sistema di drenaggio è essenziale per evitare il ristagno dell'acqua, che può danneggiare le radici delle piante e causare malattie. Per una corretta irrigazione delle piante dell'orto urbano, è importante considerare il tipo di pianta e le sue esigenze di acqua. Alcune piante richiedono un'irrigazione più frequente, mentre altre possono sopportare periodi di siccità. In generale, è meglio innaffiare le piante dell'orto urbano la mattina presto o alla sera, evitando le ore più calde del giorno per evitare l'evaporazione dell'acqua. Per quanto riguarda il drenaggio, è importante che il terreno sia ben drenato per evitare il ristagno dell'acqua. È possibile utilizzare dei contenitori con fori di drenaggio o posizionare uno strato di sassi sul fondo del contenitore per garantire un buon drenaggio. Inoltre, è possibile utilizzare substrati porosi e ben aerati per garantire un buon drenaggio. È importante anche evitare l'accumulo di acqua sulle foglie delle piante, che può favorire la comparsa di malattie fungine. Per evitare questo problema, è possibile innaffiare le piante alla base o utilizzare un sistema di irrigazione a goccia. Inoltre, è possibile utilizzare tecniche di irrigazione alternative per ridurre il consumo di acqua. Ad esempio, è possibile utilizzare l'irrigazione a goccia o l'irrigazione per nebulizzazione per ridurre il consumo di acqua. In sintesi, l'irrigazione e il drenaggio sono due aspetti fondamentali nella coltivazione delle piante dell'orto urbano. È importante considerare le esigenze di acqua delle piante e irrigare le piante in modo corretto per evitare problemi di crescita. È importante anche garantire un buon drenaggio per evitare il ristagno dell'acqua e proteggere le piante dalle malattie. Con la giusta attenzione all'irrigazione e al drenaggio, è possibile garantire una corretta crescita delle piante e ottenere una produzione sana e abbondante di frutta, verdura ed erbe aromatiche.

- Corretta irrigazione

Una corretta irrigazione delle piante dell'orto urbano è essenziale per garantire una crescita sana e rigogliosa delle piante. L'acqua è un fattore chiave per la crescita delle piante, ma un'irrigazione eccessiva o insufficiente può causare problemi alle piante e compromettere la produzione. La prima cosa da fare per una corretta irrigazione è identificare le esigenze di acqua delle diverse piante dell'orto urbano. Alcune piante richiedono un'irrigazione più frequente, mentre altre possono sopportare periodi di siccità. È importante prendere in considerazione anche il tipo di terreno e la stagione dell'anno, in quanto queste variabili possono influire sul fabbisogno idrico delle piante. Una volta identificate le esigenze di acqua delle piante, è possibile irrigare le piante in modo corretto. In generale, è meglio innaffiare le piante della coltivazione urbana la mattina presto o alla sera, evitando le ore più calde del giorno per evitare l'evaporazione dell'acqua. Inoltre, è importante evitare di bagnare le foglie delle piante, in quanto ciò può favorire la comparsa di malattie fungine. Per irrigare le piante dell'orto urbano, è possibile utilizzare diverse tecniche di irrigazione. L'irrigazione a goccia è una tecnica molto efficiente che consente di risparmiare acqua e garantire un'irrigazione uniforme delle piante. Inoltre, è possibile utilizzare l'irrigazione per nebulizzazione, che consiste nel diffondere l'acqua sotto forma di nebbia per garantire un'irrigazione uniforme delle piante. Un altro aspetto importante della corretta irrigazione è la quantità di acqua da utilizzare. È importante evitare di innaffiare le piante in modo eccessivo, in quanto ciò può causare il marciume delle radici e compromettere la crescita delle piante. Allo stesso tempo, è importante non irrigare le piante in modo insufficiente, in quanto ciò può causare la disidratazione delle piante e la perdita delle foglie. In sintesi, una corretta irrigazione delle piante dell'orto urbano è essenziale per garantire una crescita sana e rigogliosa delle piante. È importante identificare le esigenze di acqua delle diverse piante e irrigare le piante in modo corretto utilizzando tecniche di irrigazione efficienti. Inoltre, è importante evitare di bagnare le foglie delle piante e utilizzare la giusta quantità di acqua per evitare problemi di crescita.

- Drenaggio

Il drenaggio è un aspetto fondamentale nella coltivazione delle piante dell'orto urbano. Un buon sistema di drenaggio consente di evitare il ristagno dell'acqua, che può danneggiare le radici delle piante e causare malattie. Inoltre, un buon drenaggio favorisce la circolazione dell'aria e dei nutrienti nel terreno, garantendo una crescita sana delle piante. Per garantire un buon drenaggio del terreno, è possibile utilizzare diversi metodi a seconda del tipo di coltivazione urbana. Se si coltivano piante in vaso o in contenitori, è importante utilizzare dei vasi o contenitori con fori di drenaggio sul fondo, che consentono all'acqua in eccesso di defluire. Inoltre, è possibile posizionare uno strato di ciottoli o ghiaia sul fondo del contenitore per favorire il drenaggio. Se invece si coltivano le piante direttamente nel terreno, è importante garantire un buon drenaggio del terreno. In questo caso, è possibile utilizzare un substrato poroso e ben aerato per favorire il deflusso dell'acqua. Inoltre, è possibile creare delle pendenze nel terreno per favorire il deflusso dell'acqua verso le zone più basse. Un altro aspetto importante del drenaggio è la presenza di un sistema di drenaggio delle acque di scolo. In caso di piogge intense o di irrigazione eccessiva, è importante che l'acqua in eccesso possa defluire in modo efficace per evitare il ristagno dell'acqua e la conseguente comparsa di malattie e problemi alle radici delle piante. Inoltre, è importante prestare attenzione alla scelta del terreno e dei fertilizzanti per garantire un buon drenaggio del terreno. Un terreno troppo argilloso o pesante può impedire il deflusso dell'acqua, mentre un terreno troppo sabbioso può favorire il drenaggio eccessivo. È possibile migliorare il drenaggio del terreno utilizzando compost e fertilizzanti organici, che aumentano la porosità e l'aerazione del terreno.In sintesi, il drenaggio è un aspetto fondamentale nella coltivazione delle piante dell'orto urbano. È importante utilizzare tecniche e materiali adeguati per garantire un buon drenaggio del terreno e evitare il ristagno dell'acqua. Con la giusta attenzione al drenaggio, è possibile garantire una crescita sana e abbondante delle piante dell'orto urbano.

Come affrontare i problemi di malattie e parassiti

Affrontare i problemi di malattie e parassiti è un aspetto importante nella coltivazione delle piante dell'orto urbano. Le piante possono essere soggette ad una serie di malattie e infestazioni di parassiti che possono compromettere la loro salute e la loro produzione. È importante riconoscere i segnali di eventuali malattie o infestazioni e intervenire tempestivamente per prevenirne la diffusione. Uno dei modi principali per prevenire i problemi di malattie e parassiti è adottare buone pratiche di coltivazione. Innanzitutto, è importante scegliere piante resistenti alle malattie e ai parassiti per ridurre il rischio di infestazioni. Inoltre, è importante tenere il terreno pulito e ben drenato, evitando accumuli di foglie secche o di rifiuti vegetali che possono favorire la comparsa di malattie fungine. Un altro aspetto importante è l'irrigazione, che deve essere fatta con moderazione per evitare la proliferazione di funghi e batteri. Inoltre, è importante evitare di bagnare le foglie delle piante e irrigare direttamente alla base della pianta, in modo da ridurre il rischio di infestazioni. Nel caso in cui si riscontri una malattia o un'infestazione di parassiti, è importante intervenire tempestivamente per evitare che si diffonda alle altre piante. Esistono diverse soluzioni naturali che possono essere utilizzate per combattere le malattie e i parassiti, come ad esempio l'utilizzo di estratti vegetali, oli essenziali o preparati a base di rame. Tuttavia, è importante utilizzare questi rimedi con cautela e in modo mirato, evitando di danneggiare le piante o l'ambiente circostante. In alcuni casi, può essere necessario utilizzare prodotti chimici per combattere le malattie o i parassiti. In questi casi, è importante scegliere prodotti a basso impatto ambientale e utilizzarli secondo le indicazioni del produttore. Inoltre, è importante prestare attenzione ai tempi di carenza, ovvero il periodo di tempo tra l'applicazione del prodotto e la raccolta dei frutti, per evitare di danneggiare la salute umana. In sintesi, affrontare i problemi di malattie e parassiti è un aspetto importante nella coltivazione delle piante dell'orto urbano. È importante adottare buone pratiche di coltivazione per prevenire le malattie e le infestazioni di parassiti, intervenire tempestivamente in caso di problemi e utilizzare soluzioni naturali o prodotti chimici a basso impatto ambientale. Con la giusta attenzione e cura, è possibile garantire una coltivazione sana e produttiva delle piante dell'orto urbano.

- Prevenire i problemi di malattie e parassiti è adottare buone pratiche di coltivazione

Prevenire i problemi di malattie e parassiti è un aspetto fondamentale nella coltivazione delle piante dell'orto urbano. Adottare buone pratiche di coltivazione significa porre attenzione alle esigenze delle piante, evitando situazioni che possono favorire l'insorgenza di malattie o la proliferazione di parassiti. In primo luogo, è importante scegliere piante resistenti alle malattie e ai parassiti. Quando si decide quali piante coltivare nell'orto urbano, è necessario prestare attenzione alle varietà che sono resistenti alle malattie comuni e ai parassiti, in modo da ridurre il rischio di infestazioni. Inoltre, è importante coltivare le piante nel periodo giusto dell'anno, evitando periodi di stress dovuti alle condizioni climatiche. Un altro aspetto importante è la pulizia del terreno e delle attrezzature utilizzate. Le piante dell'orto urbano possono essere soggette a malattie fungine o batteriche che si sviluppano su foglie e rami secchi o su altri residui vegetali. È quindi importante tenere il terreno pulito e rimuovere regolarmente foglie e rami secchi. Inoltre, è necessario disinfettare le attrezzature utilizzate, come ad esempio i coltelli da potatura, per evitare di diffondere malattie da una pianta all'altra. Un'altra pratica importante è l'irrigazione, che deve essere fatta con moderazione. L'acqua in eccesso può favorire la proliferazione di funghi e batteri, quindi è importante irrigare solo quando necessario e alla base delle piante, evitando di bagnare le foglie. Inoltre, è possibile utilizzare tecniche di irrigazione a goccia o a microirrigazione, che consentono di utilizzare l'acqua in modo mirato e ridurre il rischio di malattie. Infine, è importante utilizzare tecniche di coltivazione naturali e rispettose dell'ambiente, come l'utilizzo di compost e fertilizzanti organici. In questo modo, si può migliorare la fertilità del terreno e rendere le piante più resistenti alle malattie e ai parassiti. In sintesi, prevenire i problemi di malattie e parassiti nell'orto urbano significa adottare buone pratiche di coltivazione, come la scelta di piante resistenti, la pulizia del terreno e delle attrezzature, l'irrigazione moderata e la coltivazione naturale. Con la giusta attenzione e cura, è possibile garantire una coltivazione sana e produttiva delle piante dell'orto urbano.

- L'irrigazione

L'irrigazione è una pratica essenziale nella coltivazione delle piante dell'orto urbano, ma deve essere effettuata correttamente per evitare il rischio di malattie e parassiti. Ecco alcuni consigli per effettuare l'irrigazione in modo corretto. Innanzitutto, è importante irrigare solo quando necessario. Le piante dell'orto urbano richiedono un'irrigazione regolare, ma è importante evitare di innaffiare in modo eccessivo. L'eccesso di acqua può favorire la proliferazione di funghi e batteri, causando malattie alle piante. Un'altra pratica importante è l'irrigazione alla base delle piante. Evitare di bagnare le foglie è fondamentale per ridurre il rischio di malattie, poiché l'acqua sulle foglie può favorire lo sviluppo di muffe e funghi. È quindi importante irrigare direttamente alla base delle piante, in modo da far arrivare l'acqua alle radici. Un altro modo per ridurre il rischio di malattie è evitare di irrigare di sera o di notte. Le ore notturne possono favorire lo sviluppo di malattie, perché l'umidità sulle foglie può rimanere a lungo senza evaporare. È quindi consigliabile irrigare di mattina o di pomeriggio, in modo che le piante abbiano il tempo di asciugarsi durante la giornata. Inoltre, è possibile utilizzare tecniche di irrigazione a goccia o a microirrigazione. Queste tecniche permettono di utilizzare l'acqua in modo mirato, evitando sprechi e riducendo il rischio di malattie. L'irrigazione a goccia, ad esempio, prevede l'utilizzo di tubi porosi che rilasciano l'acqua direttamente alle radici delle piante. Infine, è importante monitorare la quantità di acqua utilizzata e adattarla alle esigenze delle piante e alle condizioni meteorologiche. In periodi di siccità, le piante possono richiedere un'irrigazione più frequente, mentre in periodi di pioggia l'irrigazione può essere ridotta o addirittura interrotta. In sintesi, effettuare un'irrigazione corretta significa irrigare solo quando necessario, alla base delle piante e utilizzando tecniche mirate come l'irrigazione a goccia o a microirrigazione. Monitorare la quantità di acqua utilizzata è importante per adattarla alle esigenze delle piante e alle condizioni meteorologiche. Con la giusta attenzione e cura, è possibile garantire una coltivazione sana e produttiva delle piante dell'orto urbano.

Capitolo 5:
Cura e manutenzione dell'orto

Il capitolo 5 del nostro libro sull'orto urbano si concentra sulla cura e la manutenzione delle piante dell'orto, fondamentale per garantire una coltivazione sana e produttiva. Gestire la crescita delle piante, potare e pulire regolarmente e raccogliere e conservare i prodotti dell'orto sono tutti aspetti importanti della cura e della manutenzione dell'orto urbano. In primo luogo, è importante gestire la crescita delle piante per evitare che crescano troppo e diventino ingestibili. La potatura è una pratica importante che permette di mantenere la forma delle piante, eliminare eventuali rami secchi o malati e favorire la crescita di nuovi germogli. Inoltre, è importante pulire regolarmente le piante, rimuovendo foglie e rami secchi e mantenendo il terreno libero da erbacce e residui vegetali. Un altro aspetto importante della cura e della manutenzione dell'orto urbano è la raccolta e la conservazione dei prodotti dell'orto. È importante raccogliere i prodotti delle piante al momento giusto, evitando di lasciarli troppo a lungo sulla pianta. Inoltre, è possibile utilizzare tecniche di conservazione, come la refrigerazione o la disidratazione, per prolungare la vita dei prodotti dell'orto. Un'altra pratica importante è l'utilizzo di fertilizzanti naturali per mantenere la fertilità del terreno. Il compost, ad esempio, è un ottimo fertilizzante naturale che può essere prodotto in casa utilizzando gli scarti vegetali dell'orto. Inoltre, è possibile utilizzare tecniche di rotazione delle colture per evitare l'esaurimento del terreno e migliorare la fertilità. Infine, è importante prestare attenzione alle esigenze specifiche delle piante; alcune piante, ad esempio, richiedono più luce solare o più acqua di altre. È quindi importante informarsi sulle esigenze specifiche delle piante coltivate e adattare le pratiche di cura e manutenzione di conseguenza. Curare e mantenere l'orto richiede attenzione e cura, ma può essere estremamente gratificante. Gestire la crescita delle piante, potare e pulire regolarmente, raccogliere e conservare i prodotti dell'orto e utilizzare fertilizzanti naturali sono tutti aspetti importanti della cura e della manutenzione dell'orto urbano. Con la giusta attenzione e cura, è possibile garantire una coltivazione sana e produttiva delle piante.

Come gestire la crescita delle piante

Gestire la crescita delle piante è un'attività fondamentale per garantire una coltivazione sana e produttiva dell'orto urbano. Le piante possono crescere rapidamente e diventare ingestibili se non gestite correttamente, ma con le giuste tecniche di potatura e gestione della crescita è possibile mantenere le piante sane e produttive. La potatura è una pratica importante per gestire la crescita delle piante. Questa tecnica permette di eliminare eventuali rami secchi o malati e di favorire la crescita di nuovi germogli. La potatura dovrebbe essere effettuata regolarmente, ma con cautela, in modo da evitare di danneggiare la pianta. Prima di effettuare una potatura, è importante informarsi sulle tecniche e le modalità corrette per effettuare questa pratica in modo sicuro ed efficace. Inoltre, è possibile utilizzare tecniche di controllo della crescita per gestire la crescita delle piante. Ad esempio, l'utilizzo di tutori e sostegni può aiutare le piante a crescere in modo verticale, riducendo la loro espansione laterale. Questa tecnica è particolarmente utile per le piante che tendono a diventare troppo grandi o che crescono in modo disordinato. Un'altra tecnica utile per gestire la crescita delle piante è la potatura selettiva. Questa tecnica prevede la rimozione di alcune parti della pianta per favorire la crescita di altre parti. Ad esempio, la rimozione di fiori e frutti immaturi può favorire la crescita di nuovi rami e foglie. Infine, è importante monitorare la crescita delle piante e adattare le pratiche di cura di conseguenza. In alcune situazioni, ad esempio, potrebbe essere necessario ridurre l'irrigazione per evitare un'eccessiva crescita delle piante. Monitorare la crescita delle piante e adattare le pratiche di cura di conseguenza è fondamentale per mantenere la salute e la produttività dell'orto urbano. In sintesi, gestire la crescita delle piante richiede l'utilizzo di tecniche di potatura e di controllo della crescita, il monitoraggio costante della crescita delle piante e l'adattamento delle pratiche di cura di conseguenza. Con la giusta attenzione e cura, è possibile garantire una coltivazione sana e produttiva dell'orto urbano.

- Potatura per gestire la crescita delle piante

La potatura è una pratica fondamentale per gestire la crescita delle piante dell'orto urbano. Questa tecnica prevede la rimozione di alcune parti della pianta per favorire la crescita di altre parti, eliminare eventuali rami secchi o malati e mantenere la forma e la struttura delle piante. La potatura può essere effettuata in diversi momenti dell'anno a seconda delle esigenze delle piante e del tipo di potatura da effettuare. Ad esempio, la potatura di formazione viene effettuata sui giovani germogli, eliminando quelli deboli e favorendo la crescita di quelli più forti. La potatura di mantenimento, invece, viene effettuata per rimuovere i rami secchi o malati o per mantenere la forma e la struttura delle piante. Prima di effettuare una potatura, è importante disinfettare gli attrezzi da potatura per evitare la diffusione di malattie tra le piante. È inoltre importante utilizzare attrezzi da potatura di buona qualità, in grado di effettuare tagli netti e precisi. Per potare una pianta, è necessario individuare il punto in cui effettuare il taglio. In generale, i tagli devono essere effettuati a pochi millimetri sopra una gemma o un nodo, in modo da stimolare la crescita di nuovi germogli. È importante effettuare i tagli in modo netto e preciso, evitando di danneggiare la pianta o di lasciare parti morte. Inoltre, è importante pianificare la potatura in modo strategico, in modo da evitare di potare troppo la pianta. Una potatura eccessiva può danneggiare la pianta e ridurre la sua produttività. È quindi importante informarsi sulle tecniche e le modalità corrette per effettuare questa pratica in modo sicuro ed efficace. In sintesi, la potatura è una pratica importante per gestire la crescita delle piante dell'orto urbano. Questa tecnica prevede la rimozione di alcune parti della pianta per favorire la crescita di altre parti, eliminare eventuali rami secchi o malati e mantenere la forma e la struttura delle piante. Per effettuare una potatura efficace, è necessario utilizzare attrezzi da potatura di buona qualità, effettuare i tagli in modo netto e preciso e pianificare la potatura in modo strategico.

- Tecniche di controllo della crescita.

Le tecniche di controllo della crescita sono utili per gestire la crescita delle piante dell'orto urbano, in modo da prevenire l'eccessivo ingombro degli spazi e favorire una distribuzione omogenea delle piante. Ci sono diverse tecniche che possono essere utilizzate per controllare la crescita delle piante, tra cui l'utilizzo di tutori, sostegni e la potatura. L'utilizzo di tutori e sostegni può aiutare le piante a crescere in modo verticale, riducendo la loro espansione laterale. Questa tecnica è particolarmente utile per le piante che tendono a diventare troppo grandi o che crescono in modo disordinato. Ad esempio, i pomodori possono essere legati a un palo o a un supporto per evitare che cadano a terra e per favorire la loro crescita verticale. La potatura selettiva è un'altra tecnica che può essere utilizzata per controllare la crescita delle piante. Questa tecnica prevede la rimozione di alcune parti della pianta per favorire la crescita di altre parti. Ad esempio, la rimozione di fiori e frutti immaturi può favorire la crescita di nuovi rami e foglie. Inoltre, esistono anche tecniche di potatura specifiche che possono essere utilizzate per controllare la crescita delle piante. Ad esempio, la potatura a spalliera è una tecnica che consiste nel far crescere le piante su un supporto orizzontale, in modo da ridurre l'espansione laterale e favorire la crescita verticale. In generale, le tecniche di controllo della crescita devono essere utilizzate in modo oculato e con una pianificazione accurata. È importante considerare le esigenze delle piante e adattare le tecniche di controllo della crescita alle loro specifiche caratteristiche. Ad esempio, le piante che crescono rapidamente o che tendono a diventare troppo grandi possono richiedere un maggiore utilizzo di sostegni e tutori, mentre le piante più fragili possono necessitare di una potatura selettiva più accurata. In sintesi, le tecniche di controllo della crescita sono utili per gestire la crescita delle piante dell'orto urbano. Queste tecniche includono l'utilizzo di tutori, sostegni e la potatura, e devono essere utilizzate con cautela e con una pianificazione accurata. Con la giusta attenzione e cura, è possibile controllare la crescita delle piante e garantire una coltivazione sana e produttiva dell'orto urbano.

Consigli per la potatura e la pulizia delle piante

La potatura e la pulizia delle piante sono pratiche essenziali per la cura e la manutenzione dell'orto urbano. Una potatura accurata può favorire la crescita delle piante, prevenire malattie e parassiti, e migliorare la qualità e la quantità dei raccolti. La pulizia, invece, aiuta a mantenere l'orto urbano pulito e ordinato, eliminando rifiuti vegetali, erbacce e altri materiali che possono favorire la diffusione di malattie. Per effettuare una potatura efficace, è importante utilizzare attrezzi da potatura di buona qualità e disinfettati. Le forbici da potatura devono essere affilate e ben bilanciate per effettuare tagli netti e precisi. È inoltre importante pianificare la potatura in base alle esigenze delle piante e alla stagione, evitando di potare troppo o in modo inappropriato. La potatura può essere effettuata per diverse ragioni: per formare la pianta, per favorire la crescita di rami sani e forti, per eliminare rami secchi o malati, o per mantenere la forma e la struttura delle piante. In generale, la potatura deve essere effettuata con cura, evitando di danneggiare la pianta o di lasciare parti morte o malate. La pulizia delle piante prevede la rimozione di rifiuti vegetali, erbacce e altri materiali che possono favorire la diffusione di malattie. Questa pratica deve essere effettuata regolarmente, preferibilmente al termine di ogni stagione di crescita. La pulizia aiuta a mantenere l'orto urbano pulito e ordinato, riducendo la presenza di insetti e malattie. In sintesi, la potatura e la pulizia sono pratiche fondamentali per la cura e la manutenzione dell'orto urbano. Per effettuare una potatura efficace, è importante utilizzare attrezzi da potatura di buona qualità, pianificare la potatura in modo strategico e potare con cura. La pulizia, invece, aiuta a mantenere l'orto urbano pulito e ordinato, prevenendo la diffusione di malattie e parassiti. Con la giusta attenzione e cura, è possibile mantenere l'orto urbano in perfetta salute e garantire una coltivazione sana e produttiva.

- Strumenti e attrezzi utilizzare per la potatura

Per effettuare la potatura delle piante dell'orto urbano, è importante utilizzare gli strumenti e gli attrezzi giusti, che permettano di effettuare tagli netti e precisi senza danneggiare la pianta. Ecco una lista degli attrezzi di potatura più comuni:

1. Forbici da potatura: le forbici da potatura sono gli attrezzi più comuni per la potatura delle piante dell'orto urbano. Esistono diversi tipi di forbici da potatura, ma quelle più utilizzate sono le forbici a lama curva, che permettono di effettuare tagli netti e precisi anche nei punti più difficili. Le forbici devono essere ben affilate e disinfettate prima dell'uso.

2. Seghetto da potatura: il seghetto da potatura è un attrezzo utile per tagliare rami di maggiori dimensioni rispetto a quelli che possono essere tagliati con le forbici. Esistono diversi tipi di seghe da potatura, ma quelle più comuni sono le seghe a lama curva, che permettono di effettuare tagli precisi anche nei punti più difficili.

3. Troncarami: il troncarami è un attrezzo utile per tagliare rami di maggiori dimensioni rispetto alle forbici e al seghetto. Il troncarami è composto da due manici con una lama al centro, che permette di tagliare i rami con una maggiore forza.

4. Pialla: la pialla è un attrezzo utile per rimuovere parti morte o malate della pianta. La pialla è composta da una lama affilata e una maniglia per l'impugnatura.

5. Cesoi: i cesoi sono attrezzi utilizzati per effettuare tagli

precisi e puliti su parti di piccole dimensioni, come fiori, foglie e rami sottili. Esistono diversi tipi di cesoi, ma quelli più comuni sono i cesoi a lama curva.

6. Guanti da giardinaggio: i guanti da giardinaggio sono essenziali per proteggere le mani durante la potatura e la pulizia delle piante. I guanti da giardinaggio devono essere resistenti e ben aderenti per evitare di scivolare sugli attrezzi.

In generale, è importante scegliere attrezzi di buona qualità e adatti alle esigenze delle piante che si desidera potare. Gli attrezzi devono essere ben affilati e disinfettati prima dell'uso, per evitare la diffusione di malattie tra le piante. Con la giusta attenzione e cura, è possibile effettuare una potatura efficace e garantire la salute e la produttività dell'orto urbano.

- La pulizia delle piante

La pulizia delle piante è un'attività importante per la cura e la manutenzione dell'orto urbano, poiché permette di rimuovere i rifiuti vegetali, le erbacce e gli altri materiali che possono favorire la diffusione di malattie e parassiti tra le piante. La pulizia deve essere effettuata regolarmente, preferibilmente al termine di ogni stagione di crescita, per evitare la proliferazione di malattie e parassiti e per mantenere l'orto urbano pulito e ordinato. Ecco i passaggi da seguire per effettuare una corretta pulizia delle piante dell'orto urbano:

1. Rimuovere le foglie secche: le foglie secche o morte rappresentano un terreno fertile per i funghi e altri microrganismi. È importante rimuoverle regolarmente per prevenire la diffusione di malattie.

2. Rimuovere gli steli e i rami secchi: gli steli e i rami secchi sono un terreno fertile per i parassiti. È importante rimuoverli per evitare la proliferazione di malattie e per

favorire la crescita delle piante sane.

3. Rimuovere le erbacce: le erbacce rappresentano una minaccia per la salute delle piante, poiché possono soffocarle e ridurre la loro produttività. È importante rimuovere le erbacce regolarmente, per evitare la diffusione di malattie e per favorire la crescita delle piante sane.

4. Pulire il terreno: il terreno dell'orto urbano deve essere tenuto pulito e ordinato per prevenire la proliferazione di malattie e parassiti. È importante rimuovere i residui vegetali e altri materiali che possono favorire la diffusione di malattie.

5. Disinfettare gli attrezzi: gli attrezzi utilizzati per la pulizia delle piante devono essere disinfettati prima dell'uso, per evitare la diffusione di malattie tra le piante.

In generale, la pulizia delle piante è un'attività importante per la cura e la manutenzione dell'orto urbano, poiché permette di prevenire la diffusione di malattie e parassiti e di mantenere l'orto urbano pulito e ordinato. Con la giusta attenzione e cura, è possibile garantire la salute e la produttività dell'orto urbano.

La raccolta e la conservazione dei prodotti dell'orto

La raccolta e la conservazione dei prodotti dell'orto sono fasi importanti nella gestione dell'orto urbano, poiché permettono di godere dei frutti del proprio lavoro e di mantenere una fornitura costante di prodotti freschi e nutrienti. La raccolta dei prodotti dell'orto deve essere effettuata al momento giusto, quando le piante sono mature e i prodotti sono pronti per essere consumati. È importante raccogliere i prodotti con cura, evitando di danneggiare le piante o di lasciare parti dei prodotti inutilizzate. Per la conservazione dei prodotti dell'orto, è possibile adottare diverse tecniche, a seconda del tipo di prodotto e del periodo di conservazione desiderato. Ecco alcune tecniche di conservazione dei prodotti dell'orto urbano:

1. Conservazione in frigorifero: molti prodotti dell'orto possono essere conservati in frigorifero per alcuni giorni o settimane. È importante conservarli in contenitori ermetici o sacchetti per alimenti per evitare l'essiccazione o la contaminazione.

2. Congelamento: molti prodotti dell'orto possono essere congelati per una conservazione a lungo termine. È importante pulirli e tagliarli in pezzi prima del congelamento, e conservarli in sacchetti per alimenti appositi per il congelamento.

3. Essiccazione: alcuni prodotti dell'orto, come le erbe aromatiche, possono essere essiccati per una conservazione a

lungo termine. È possibile essiccarli all'aria aperta o utilizzando un essiccatore apposito.

4. Conservazione in salamoia: alcuni prodotti dell'orto, come i cetrioli e le olive, possono essere conservati in salamoia per una conservazione a lungo termine. È importante seguire le istruzioni per la preparazione della salamoia e per la conservazione dei prodotti.

In generale, è importante conservare i prodotti dell'orto urbano con cura, evitando sprechi e garantendo una fornitura costante di prodotti freschi e nutrienti. Con la giusta attenzione e cura, è possibile godere dei frutti del proprio lavoro e mantenere un orto urbano sano e produttivo.

Capitolo 6:
Idee e ricette per cucinare i prodotti dell'orto

Il Capitolo 6 del nostro libro "Come coltivare il proprio cibo in città" si concentra sull'importanza di utilizzare i prodotti dell'orto urbano in cucina. Imparare a cucinare con gli ingredienti freschi e nutrienti coltivati con le proprie mani non solo migliora la qualità della dieta, ma anche il rapporto che si ha con il cibo, la natura e l'ambiente circostante. In questo capitolo, esploreremo le idee e le ricette per cucinare i prodotti dell'orto urbano in modo semplice, gustoso e veloce. Vedremo come utilizzare le verdure dell'orto in modo creativo, combinandole con altri ingredienti per creare piatti gustosi e nutrienti. In particolare, parleremo delle ricette facili e veloci per utilizzare le verdure dell'orto, che richiedono pochi ingredienti e poco tempo di preparazione. Proporremo idee per piatti estivi e invernali, in modo da sfruttare al meglio la stagionalità dei prodotti dell'orto urbano. Inoltre, illustreremo come conservare i prodotti dell'orto per la stagione successiva, sfruttando tecniche di conservazione come il congelamento, l'essiccazione e la conservazione in salamoia. Grazie a queste tecniche, è possibile godere dei prodotti dell'orto anche fuori stagione, mantenendo il legame con la propria coltivazione durante tutto l'anno. L'utilizzo dei prodotti dell'orto urbano in cucina rappresenta un'ottima opportunità per sperimentare nuovi sapori, creare piatti salutari e nutriente e rafforzare il legame con la propria coltivazione. Grazie a questo capitolo, i lettori impareranno come sfruttare al meglio i prodotti dell'orto urbano, valorizzandoli in cucina e godendo dei benefici per la salute e per l'ambiente.

Utilizzo dei prodotti dell'orto urbano in cucina

L'utilizzo dei prodotti dell'orto urbano in cucina è un'ottima occasione per sperimentare nuovi sapori, creare piatti salutari e nutriente e rafforzare il legame con la propria coltivazione. I prodotti dell'orto urbano, coltivati con cura e senza l'utilizzo di pesticidi e fertilizzanti chimici, offrono una grande varietà di sapori, aromi e colori che possono essere utilizzati per creare piatti gustosi e nutrienti. Le verdure dell'orto urbano possono essere utilizzate in molti modi diversi in cucina: possono essere servite crude in insalate, cotte al vapore, saltate in padella o cotte al forno. Inoltre, possono essere utilizzate come ingredienti in piatti più complessi, come zuppe, stufati, risotti e pasta. L'utilizzo dei prodotti dell'orto urbano in cucina consente di godere di numerosi benefici per la salute. Le verdure dell'orto sono ricche di vitamine, minerali e antiossidanti, che possono aiutare a prevenire malattie croniche come il diabete, le malattie cardiovascolari e alcuni tipi di cancro. Inoltre, le verdure dell'orto sono spesso più gustose e nutrienti rispetto a quelle acquistate in negozio, grazie alla freschezza e alla cura con cui sono state coltivate. L'utilizzo dei prodotti dell'orto urbano in cucina rappresenta anche un'ottima opportunità per ridurre lo spreco alimentare. Utilizzando i prodotti dell'orto urbano, si possono evitare gli sprechi dovuti alla conservazione e al trasporto delle verdure acquistate in negozio. Inoltre, utilizzando i prodotti dell'orto urbano in cucina, si possono utilizzare tutte le parti della pianta, come ad esempio le foglie e i gambi, che spesso vengono scartati. In conclusione, l'utilizzo dei prodotti dell'orto urbano in cucina rappresenta una grande opportunità per sperimentare nuovi sapori, creare piatti salutari e nutrienti e ridurre lo spreco alimentare. Grazie alla freschezza e alla cura con cui sono state coltivate, le verdure dell'orto urbano offrono una vasta gamma di sapori e aromi che possono essere utilizzati per creare piatti gustosi e nutrienti.

- L'utilizzo dei prodotti dell'orto in cucina

L'utilizzo dei prodotti dell'orto urbano in cucina è una pratica sempre più diffusa e apprezzata dai consumatori attenti alla qualità e alla sostenibilità del cibo. In cucina, le verdure dell'orto urbano possono essere utilizzate in molti modi diversi, sia come ingredienti principali che come contorni o decorazioni. Le verdure dell'orto urbano, come pomodori, zucchine, melanzane, peperoni, cetrioli, fagioli, insalate, erbe aromatiche e tante altre, possono essere utilizzate sia crude che cotte. Le verdure crude dell'orto possono essere utilizzate per preparare insalate, tartare, carpacci e piatti freddi, mentre le verdure cotte possono essere utilizzate in numerose ricette, come zuppe, minestre, risotti, pasta al forno e verdure al vapore. Inoltre, le verdure dell'orto urbano possono essere utilizzate per preparare salse, condimenti e pesti, aggiungendo sapore e aroma a piatti semplici come la pasta o il pane. Inoltre, le verdure dell'orto possono essere utilizzate come base per piatti più complessi, come ad esempio le lasagne alle verdure, la pizza con la verdura di stagione e la zuppa di verdure miste. L'utilizzo dei prodotti dell'orto urbano in cucina non solo garantisce un maggiore controllo sulla provenienza e la qualità degli ingredienti, ma anche una maggiore sostenibilità ambientale. Utilizzando i prodotti dell'orto urbano, si riducono le emissioni di CO_2 legate al trasporto e alla conservazione degli alimenti e si evita l'utilizzo di pesticidi e fertilizzanti chimici. Inoltre, l'utilizzo dei prodotti dell'orto urbano in cucina consente di ridurre lo spreco alimentare, utilizzando tutte le parti della pianta, come ad esempio le foglie e i gambi, che spesso vengono scartati. Inoltre, l'utilizzo dei prodotti dell'orto urbano in cucina favorisce l'adozione di una dieta varia ed equilibrata, ricca di verdure, frutta e cereali integrali. In conclusione, l'utilizzo dei prodotti dell'orto urbano in cucina rappresenta un'ottima occasione per sperimentare nuovi sapori, creare piatti salutari e nutrienti e ridurre l'impatto ambientale della propria alimentazione. Grazie alla freschezza e alla cura con cui sono state coltivate, le verdure dell'orto urbano offrono una vasta gamma di sapori e aromi che possono essere utilizzati per creare piatti gustosi e nutrienti.

- Benefici per la salute

L'utilizzo dei prodotti dell'orto urbano in cucina consente di godere di numerosi benefici per la salute, grazie alla freschezza e alla qualità degli ingredienti utilizzati. In primo luogo, le verdure dell'orto urbano sono ricche di nutrienti essenziali come vitamine, minerali, antiossidanti e fibre, che contribuiscono al mantenimento di una buona salute. Inoltre, le verdure dell'orto urbano sono generalmente coltivate senza l'uso di pesticidi e fertilizzanti chimici, riducendo così l'esposizione a sostanze tossiche. Inoltre, l'utilizzo dei prodotti dell'orto urbano in cucina consente di adottare una dieta più varia ed equilibrata, basata su verdure, frutta e cereali integrali, che sono tutti alimenti ad alto contenuto di nutrienti e poveri di grassi saturi e zuccheri aggiunti. Una dieta equilibrata può contribuire alla prevenzione di molte malattie croniche, come l'obesità, le malattie cardiache e il diabete. Inoltre, l'utilizzo dei prodotti dell'orto urbano in cucina può favorire la perdita di peso e il mantenimento di un peso corporeo sano. Le verdure dell'orto sono generalmente a basso contenuto calorico e ricche di fibre, che aiutano a ridurre l'appetito e a migliorare la sensazione di sazietà. Inoltre, l'utilizzo dei prodotti dell'orto urbano in cucina può incoraggiare l'adozione di abitudini alimentari più sane, come la riduzione del consumo di cibi altamente processati e la preferenza per alimenti freschi e naturali. Infine, l'utilizzo dei prodotti dell'orto urbano in cucina può avere un impatto positivo sulla salute mentale. La cura e la coltivazione delle piante dell'orto urbano possono avere un effetto calmante e rilassante, ridurre lo stress e migliorare il benessere psicologico. In sintesi, l'utilizzo dei prodotti dell'orto urbano in cucina può avere numerosi benefici per la salute, tra cui l'apporto di nutrienti essenziali, la riduzione dell'esposizione a sostanze tossiche, la promozione di una dieta equilibrata, la perdita di peso e il miglioramento del benessere mentale.

- Ridurre lo spreco alimentare.

L'utilizzo dei prodotti dell'orto urbano in cucina rappresenta anche un'ottima opportunità per ridurre lo spreco alimentare. In primo luogo, l'orto urbano consente di coltivare solo le quantità di prodotto necessarie, evitando così di acquistare quantità eccessive di verdure che potrebbero andare sprecate. Inoltre, le verdure dell'orto urbano possono essere raccolte in base alle proprie esigenze, riducendo così il rischio di spreco dovuto alla scadenza degli alimenti acquistati. Inoltre, l'utilizzo dei prodotti dell'orto urbano in cucina può incoraggiare la creazione di piatti creativi e sfiziosi, che consentono di utilizzare anche parti degli alimenti che solitamente vengono scartate, come ad esempio le foglie delle carote o le bucce dei pomodori. Ciò consente di sfruttare al massimo i prodotti dell'orto e ridurre lo spreco di cibo. Inoltre, l'orto urbano può fornire prodotti stagionali freschi e di alta qualità, che possono essere conservati in modo da avere disponibilità di cibo anche nei periodi in cui non è possibile coltivare. Ad esempio, si possono congelare gli eccessi di verdure per consumarli successivamente, oppure si possono conservare in vasetti sottovuoto o in salamoia. Infine, l'utilizzo dei prodotti dell'orto urbano in cucina può incentivare l'adozione di pratiche sostenibili, come ad esempio il compostaggio dei rifiuti organici per creare un fertilizzante naturale per il terreno dell'orto. Ciò consente di ridurre l'impatto ambientale legato allo smaltimento dei rifiuti e di creare un ciclo virtuoso di produzione e consumo di cibo sano e sostenibile. In sintesi, l'utilizzo dei prodotti dell'orto urbano in cucina rappresenta un'ottima opportunità per ridurre lo spreco alimentare, attraverso l'adozione di pratiche sostenibili e creative per utilizzare al meglio i prodotti dell'orto, senza sprecarli.

Ricette facili e veloci per utilizzare le verdure dell'orto

Le ricette facili e veloci per utilizzare le verdure dell'orto urbano sono la chiave per godere appieno dei prodotti coltivati e sfruttare al massimo la freschezza e la qualità delle verdure. La scelta delle ricette dipende naturalmente dalle verdure coltivate, ma esistono numerose idee creative per sperimentare con i propri prodotti dell'orto. Ad esempio, le verdure a foglia verde come spinaci, lattuga e bietole possono essere utilizzate per creare insalate fresche e colorate. Basta aggiungere una selezione di altri ingredienti come pomodori, cetrioli, cipolle, olive o formaggio e condire il tutto con olio d'oliva, aceto e spezie a piacere. Le verdure radicate come carote, rape e ravanelli possono essere tagliate a fettine sottili e utilizzate per creare insalate di radicchio, che possono essere condite con una semplice vinaigrette o con una crema di formaggio fresco e erbe aromatiche. Le zucchine, le melanzane e i peperoni sono invece verdure ideali per essere grigliate, saltate in padella o cotte al forno. Basta tagliarle a fette o a cubetti, condire con olio d'oliva e spezie a piacere e cuocere fino a quando risultano morbide e cotte. Possono essere servite come contorno o come ingrediente per creare piatti unici come le lasagne vegetariane o le polpette di verdure. Per quanto riguarda i pomodori, questi possono essere utilizzati per creare numerose ricette come la caprese, la bruschetta, il sugo di pomodoro per la pasta o la pizza. Anche i pomodori secchi possono essere utilizzati per creare un condimento saporito per la pasta o per insaporire un'insalata di riso o di farro. Infine, le erbe aromatiche possono essere utilizzate per dare un tocco di sapore alle ricette. Possono essere utilizzate per creare salse per condire la pasta o la carne, o per aromatizzare le verdure cotte. Possono anche essere utilizzate per creare tisane aromatiche, da gustare calde o fredde. In conclusione, le verdure dell'orto urbano possono essere utilizzate per creare numerose ricette facili e veloci, a seconda della verdura coltivata e delle preferenze personali. Sperimentare con i propri prodotti dell'orto consente di gustare il sapore autentico e la freschezza delle verdure, creando piatti salutari e gustosi.

- 5 ricette con le verdure a foglia verde come spinaci, lattuga e bietole.

Ecco 5 ricette semplici e gustose che utilizzano verdure a foglia verde come spinaci, lattuga e bietole per creare insalate fresche e colorate:

1. Insalata di spinaci, fragole e noci: lavare e asciugare gli spinaci, tagliare le fragole a fette e aggiungere le noci sminuzzate. Condire con olio d'oliva, aceto balsamico, sale e pepe.
2. Insalata di lattuga, pomodori e cipolle: tagliare la lattuga a strisce e tagliare i pomodori a cubetti. Aggiungere cipolle rosse tagliate a fettine sottili. Condire con una semplice vinaigrette fatta con olio d'oliva, aceto di vino rosso, senape, sale e pepe.
3. Insalata di bietole e feta: cuocere le bietole al vapore fino a quando sono morbide, quindi lasciarle raffreddare. Tagliare le bietole in pezzi e aggiungere la feta sbriciolata, olive nere e noci tritate. Condire con olio d'oliva, aceto balsamico, sale e pepe.
4. Insalata di spinaci, mandorle e formaggio di capra: lavare e

asciugare gli spinaci, aggiungere le mandorle tritate e il formaggio di capra sbriciolato. Condire con olio d'oliva, succo di limone, sale e pepe.

5. Insalata di lattuga, avocado e pomodori secchi: tagliare l'avocado a cubetti e i pomodori secchi a strisce. Aggiungere la lattuga tagliata a pezzetti. Condire con olio d'oliva, aceto balsamico, sale e pepe.

Queste ricette sono solo alcune idee per creare insalate fresche e gustose utilizzando le verdure a foglia verde dell'orto urbano. Sperimenta con le verdure che hai a disposizione e crea la tua ricetta preferita.

- 5 ricette Le verdure radicate come carote, rape e ravanelli

Ecco 5 ricette semplici e gustose che utilizzano le verdure radicate dell'orto urbano come carote, rape e ravanelli:

1. Insalata di carote grattugiate e zenzero: grattugiare le carote e aggiungere una piccola quantità di zenzero fresco grattugiato. Condire con olio d'oliva, aceto di mele, succo di limone, sale e pepe.
2. Rape arrosto con aglio e rosmarino: pelare le rape e tagliarle a cubetti. Mettere le rape in una teglia da forno con aglio tritato e rosmarino fresco. Condire con olio d'oliva, sale e pepe. Cuocere in forno a 200°C per circa 20-25 minuti, o fino a quando le rape sono morbide.
3. Ravanelli con hummus: lavare e tagliare i ravanelli a fette sottili. Servire con hummus fatto in casa o acquistato al supermercato.
4. Insalata di carote e cetrioli: pelare e tagliare a julienne le carote e i cetrioli. Condire con olio d'oliva, aceto di riso, succo di lime, aglio tritato, sale e pepe.

5. Zuppa di rape e patate: pelare le rape e le patate e tagliarle a cubetti. Soffriggere cipolle e aglio in olio d'oliva, poi aggiungere le rape e le patate. Coprire con brodo vegetale e cuocere fino a quando le verdure sono morbide. Frullare la zuppa con un frullatore a immersione e servire con crostini di pane.

Queste ricette sono solo alcune idee per utilizzare le verdure radicate dell'orto urbano. Sperimenta con le verdure che hai a disposizione e crea la tua ricetta preferita. Ricorda che le verdure radicate sono molto versatili e possono essere utilizzate in molti modi diversi, sia crude che cotte.

- 5 ricette con e zucchine, le melanzane e i peperoni

Ecco 5 ricette gustose e semplici che utilizzano le verdure dell'orto urbano come zucchine, melanzane e peperoni:

1. Spiedini di zucchine, melanzane e peperoni: tagliare le verdure a cubetti e infilzare su spiedini di legno. Spennellare con olio d'oliva e grigliare su una griglia calda fino a quando sono dorati e morbidi.
2. Melanzane alla Parmigiana: tagliare le melanzane a fette sottili e grigliarle o friggerle in olio fino a quando sono morbide. In un'altra padella, cuocere la salsa di pomodoro con aglio e basilico fresco. In una teglia da forno, alternare uno strato di melanzane, uno strato di salsa di pomodoro e uno strato di parmigiano reggiano grattugiato. Continuare a ripetere gli strati fino a quando non si esauriscono gli ingredienti. Cuocere in forno a 180°C per circa 30-40 minuti, o fino a quando il formaggio è dorato e fuso.
3. Peperonata: tagliare i peperoni a strisce e cuocerli in una padella con aglio tritato, cipolle e pomodori freschi.

Aggiungere olio d'oliva, sale e pepe a piacere. Servire come contorno o condimento per la pasta.

4. Zucchine ripiene al forno: tagliare le zucchine a metà per il lungo e svuotarle con un cucchiaino. In una padella, cuocere la carne macinata o il tofu con cipolle e aglio tritato. Aggiungere la polpa di zucchina e un po' di pane grattugiato per creare un ripieno. Riempire le zucchine con il ripieno e cospargerle con parmigiano reggiano grattugiato. Cuocere in forno a 180°C per circa 25-30 minuti, o fino a quando le zucchine sono morbide e il formaggio è fuso.

5. Pasta alla norma: tagliare le melanzane a cubetti e cuocerle in una padella con aglio e olio d'oliva. Aggiungere la salsa di pomodoro e cuocere fino a quando la melanzana è morbida. Aggiungere basilico fresco e servire come condimento per la pasta.

Queste ricette sono solo alcune idee per utilizzare le verdure dell'orto urbano come zucchine, melanzane e peperoni. Sperimenta con le verdure che hai a disposizione e crea la tua ricetta preferita. Ricorda che queste verdure sono molto versatili e possono essere utilizzate in molti modi diversi, sia cotte che crude.

- 5 ricette con i pomodori

I pomodori sono una verdura molto versatile e possono essere utilizzati in molte ricette diverse. Ecco 5 idee gustose e semplici per utilizzare i pomodori dell'orto urbano:

1. Insalata di pomodori: tagliare i pomodori a fette o a cubetti e condire con olio d'oliva, aceto balsamico, sale e pepe. Aggiungere foglie di basilico fresco per un tocco di freschezza.

2. Salsa di pomodoro: cuocere i pomodori freschi in una padella
    con aglio e olio d'oliva fino a quando sono morbidi.
    Aggiungere sale, pepe e basilico fresco e frullare il tutto fino a
    ottenere una salsa liscia. Questa salsa può essere utilizzata
    come condimento per la pasta o per preparare la pizza.

3. Bruschetta al pomodoro: tagliare i pomodori a cubetti e
    condire con aglio tritato, olio d'oliva, sale e pepe. Servire
    sopra fette di pane tostato e aggiungere foglie di basilico
    fresco per un tocco di freschezza.

4. Caprese: alternare fette di pomodoro, mozzarella fresca e
    foglie di basilico fresco su un piatto. Condire con olio d'oliva,
    sale e pepe per un antipasto fresco e gustoso.

5. Pomodori ripieni: svuotare i pomodori con un cucchiaino e
    riempirli con riso, carne macinata, verdure o qualsiasi altro
    ingrediente a piacere. Cospargere con formaggio grattugiato e
    cuocere in forno a 180°C per circa 30-40 minuti, o fino a
    quando i pomodori sono morbidi e il formaggio è fuso.

Queste sono solo alcune idee per utilizzare i pomodori
dell'orto urbano. Sperimenta con le verdure che hai a
disposizione e crea la tua ricetta preferita. Ricorda che i
pomodori sono molto versatili e possono essere utilizzati in
molti modi diversi, sia crudi che cotti.

- 5 ricette con le erbe aromatiche

Le erbe aromatiche sono un ingrediente molto versatile in
cucina e possono essere utilizzate per aggiungere sapore e
aroma a molti piatti. Ecco 5 ricette con le erbe aromatiche
dell'orto urbano:

1. Pesto alla genovese: tritare foglie di basilico fresco insieme a
    pinoli, aglio e formaggio grana padano. Aggiungere olio

d'oliva fino ad ottenere una consistenza cremosa. Servire su pasta o come condimento per il pane tostato.

2. Insalata di pomodori e basilico: tagliare pomodori freschi a cubetti e aggiungere foglie di basilico fresco tagliate a strisce sottili. Condire con olio d'oliva, aceto balsamico, sale e pepe.

3. Pollo alle erbe: strofinare il petto di pollo con una miscela di erbe aromatiche fresche come rosmarino, salvia, timo e prezzemolo tritati. Cuocere il pollo in una padella con olio d'oliva fino a quando è dorato e cotto.

4. Salsa all'aglio e prezzemolo: tritare aglio e prezzemolo fresco e mescolarli con olio d'oliva e sale. Servire come condimento per il pesce, la carne o le verdure grigliate.

5. Patate al forno con rosmarino: tagliare le patate a fette sottili e condire con olio d'oliva, sale, pepe e rosmarino fresco tritato. Cuocere in forno a 180°C per circa 25-30 minuti, o fino a quando le patate sono morbide e dorate.

Queste sono solo alcune idee per utilizzare le erbe aromatiche dell'orto urbano. Sperimenta con le tue preferite e crea piatti gustosi e aromatici. Ricorda che le erbe aromatiche possono essere utilizzate fresche o essiccate e sono perfette per insaporire piatti come carne, pesce, verdure, insalate e salse.

Come conservare i prodotti dell'orto per la stagione successiva

Conservare i prodotti dell'orto per la stagione successiva è un'ottima pratica per poter godere di prodotti freschi e di alta qualità anche fuori stagione. Ecco alcuni consigli su come conservare i prodotti dell'orto per la stagione successiva:

1. Congelamento: molte verdure dell'orto possono essere congelate, come i pomodori, i peperoni, le zucchine e i fagioli. Prima di congelare, assicurarsi di lavare e tagliare le verdure e di rimuovere eventuali semi o filamenti. Poi, cuocere le verdure per alcuni minuti in acqua bollente, scolarle e metterle in sacchetti per il congelatore.

2. Essiccazione: le erbe aromatiche possono essere essiccate per conservarne il sapore e l'aroma. Per essiccare le erbe, basta raccoglierle in mazzi e appenderli in un luogo fresco e asciutto. Dopo qualche giorno, quando le erbe sono completamente essiccate, si possono conservare in barattoli ermetici.

3. Sottaceti: le verdure come i cetrioli, le carote e le zucchine possono essere sottaceto per conservarle per lungo tempo. Basta tagliare le verdure a cubetti o a fette sottili, metterle in un barattolo e coprirle con aceto, sale e spezie a piacere.

4. Marmellate: le verdure come i pomodori, le zucchine e le carote possono essere utilizzate per preparare marmellate dolci o salate. Questo metodo di conservazione è ottimo per

le verdure che non possono essere congelate o essiccate.

5. Conservazione in salamoia: le verdure possono essere conservate in salamoia, ovvero in acqua e sale. Questo metodo di conservazione è ideale per le olive, i peperoncini, le cipolle e i cetrioli.

In generale, per conservare i prodotti dell'orto per la stagione successiva, è importante scegliere verdure fresche e di alta qualità, pulirle accuratamente e utilizzare i giusti metodi di conservazione. In questo modo, si potranno godere di prodotti freschi e genuini anche fuori stagione.

Capitolo 7:
Conclusioni

Il capitolo 7 del nostro libro rappresenta la conclusione della guida, che speriamo abbia fornito utili informazioni per la coltivazione di verdure e ortaggi anche in ambienti urbani. In questo capitolo faremo una sintesi dei contenuti della guida, forniremo un invito alla coltivazione dell'orto urbano e segnaleremo alcune risorse utili per approfondire l'argomento. In primo luogo, la guida ha fornito informazioni dettagliate su come preparare il terreno e scegliere le piante adatte per l'ambiente urbano, e ha fornito consigli su tecniche di coltivazione, irrigazione, drenaggio e controllo delle malattie e dei parassiti. Inoltre, il libro ha offerto numerose idee e ricette per utilizzare i prodotti dell'orto urbano in cucina, e ha suggerito alcune tecniche di conservazione per poter godere di prodotti freschi anche fuori stagione. L'orto offre numerosi benefici, sia dal punto di vista della salute che dell'ambiente. Coltivare verdure e ortaggi in città significa infatti poter godere di prodotti freschi, privi di pesticidi e conservanti, e contribuire a ridurre l'impatto ambientale derivante dalla produzione e dal trasporto di cibo. Inoltre, l'orto può rappresentare un'attività rilassante e appagante, in grado di favorire il benessere psicofisico. Per questi motivi, invitiamo tutti i nostri lettori a provare a coltivare il proprio orto, anche in spazi limitati come balconi e terrazzi. Coltivare verdure e ortaggi in città non richiede necessariamente grandi investimenti o competenze specifiche, ma richiede solo un po' di impegno e dedizione. L'esperienza dell'orto può rappresentare un'opportunità per imparare di più sulla natura e sulle nostre relazioni con essa. Infine, segnaliamo alcune risorse utili per approfondire l'argomento. Ci sono numerosi siti web, blog e forum online che offrono consigli, trucchi e idee per la coltivazione di verdure e ortaggi in città. Inoltre, ci sono molti libri e manuali che possono essere utili per chi vuole approfondire l'argomento dell'orto urbano e migliorare le proprie tecniche di coltivazione. L'orto rappresenta un'ottima opportunità per coltivare verdure e ortaggi freschi e genuini anche in città, contribuendo al benessere della propria salute e dell'ambiente. Speriamo che la nostra guida sia stata utile e che possa ispirare sempre più persone a sperimentare l'esperienza dell'orto.

Sintesi dei contenuti della guida

Il capitolo finale di questa guida offre una sintesi dei principali contenuti che sono stati trattati nei capitoli precedenti. Il lettore avrà acquisito le conoscenze necessarie per avviare e gestire il proprio orto urbano, selezionare le piante adatte all'ambiente urbano, preparare il terreno, adottare tecniche di coltivazione, cura e manutenzione delle piante, e utilizzare i prodotti dell'orto in cucina. Nel capitolo 2, abbiamo visto come identificare lo spazio adatto per la coltivazione in città, la preparazione del terreno e la scelta dei contenitori. Nel capitolo 3, abbiamo discusso la selezione delle piante adatte all'ambiente urbano, cosa coltivare a seconda della stagione, e suggerimenti per la scelta delle piante. Nel capitolo 4, abbiamo approfondito le tecniche di semina, trapianto e potatura, l'irrigazione e il drenaggio, e come affrontare i problemi di malattie e parassiti. Nel capitolo 5, abbiamo discusso la gestione della crescita delle piante, la potatura e la pulizia delle piante, la raccolta e la conservazione dei prodotti dell'orto. Nel capitolo 6, abbiamo esplorato l'utilizzo dei prodotti dell'orto in cucina, le ricette facili e veloci per utilizzare le verdure dell'orto, e come conservare i prodotti dell'orto per la stagione successiva. Con questa guida, il lettore acquisirà le competenze necessarie per coltivare e godere dei prodotti freschi dell'orto urbano, creare piatti deliziosi e salutari, e contribuire a ridurre lo spreco alimentare. Inoltre, il lettore potrà godere di tutti i benefici per la salute e per l'ambiente offerti dalla coltivazione dell'orto urbano, oltre ad avere la soddisfazione di produrre il proprio cibo e di essere più autosufficienti. Infine, questa guida offre una panoramica completa sull'orto urbano, ma ci sono molte altre risorse utili per approfondire l'argomento, come siti web specializzati, libri di riferimento, corsi di formazione e comunità di giardinaggio urbano.

Invito alla coltivazione dell'orto urbano

L'invito alla coltivazione dell'orto urbano è rivolto a tutti coloro che desiderano avvicinarsi alla natura e sperimentare la soddisfazione di produrre il proprio cibo, contribuendo in modo significativo alla riduzione dello spreco alimentare e dell'impatto ambientale. L'orto urbano è una soluzione ideale per coloro che vivono in città e che desiderano godere di prodotti freschi e di alta qualità, senza dover necessariamente dipendere dai supermercati o dai mercati ortofrutticoli. Inoltre, coltivare un orto urbano rappresenta un'attività che coinvolge l'intera famiglia, promuovendo la collaborazione e l'apprendimento reciproco, oltre a fornire un'ottima occasione per rilassarsi e distendersi. L'orto urbano offre anche una vasta gamma di benefici per la salute, tra cui la riduzione dello stress e dell'ansia, l'aumento dell'esposizione alla luce solare e alla vitamina D, e la possibilità di consumare alimenti freschi, sani e naturali. Inoltre, la coltivazione dell'orto urbano è un modo per ridurre l'impatto ambientale causato dall'agricoltura industriale e dalla produzione di cibo su larga scala. L'invito alla coltivazione dell'orto urbano è esteso a chiunque abbia un po' di spazio a disposizione, anche solo un balcone o una finestra, e sia interessato ad apprendere le tecniche di coltivazione, di gestione e di conservazione dei prodotti dell'orto. Non è necessario avere conoscenze pregresse in materia, basta la passione e la volontà di mettersi in gioco e di sperimentare qualcosa di nuovo. In questo capitolo, abbiamo visto come avviare e gestire un orto urbano, selezionare le piante adatte, preparare il terreno, adottare tecniche di coltivazione, cura e manutenzione delle piante, e utilizzare i prodotti dell'orto in cucina. L'invito alla coltivazione dell'orto urbano è dunque un'occasione per sperimentare la soddisfazione di produrre il proprio cibo, essere più autosufficienti e contribuire alla salvaguardia dell'ambiente e alla riduzione dello spreco alimentare.

Risorse utili per approfondire l'argomento

Dopo aver letto questa guida completa sull'orto urbano, è possibile che tu voglia approfondire ulteriormente l'argomento per acquisire ulteriori competenze e conoscenze. Fortunatamente, esistono numerose risorse utili disponibili online e offline che possono aiutarti nella tua avventura di coltivazione urbana. In primo luogo, ci sono numerose comunità online di giardinieri urbani che possono offrire supporto e consigli preziosi.

Gruppi Facebook come "Orti urbani" e "Giardinaggio urbano" sono pieni di appassionati di orti urbani che condividono i loro successi, i loro problemi e le loro soluzioni.

Ci sono anche molti blog di giardinaggio che si concentrano specificamente sull'orto urbano, come "Urban Organic Gardener" e "Life on the Balcony". Inoltre, ci sono molte organizzazioni e associazioni che si concentrano sulla coltivazione urbana e offrono risorse e corsi.

Ad esempio, la FAO ha pubblicato diverse guide e risorse sull'orto urbano e sull'agricoltura urbana. Inoltre, ci sono molte organizzazioni locali che offrono corsi e workshop di giardinaggio urbano, come Green Thumb a New York City e Growing Communities a Londra. Infine, ci sono molte pubblicazioni specializzate sul giardinaggio urbano che offrono una vasta gamma di informazioni e consigli.

Ad esempio, "Urban Farm" è una rivista mensile dedicata alla coltivazione urbana e "The Edible Garden" è un libro completo che copre tutto, dall'orto alla tavola. In sintesi, ci sono molte risorse utili disponibili per aiutarti a diventare un esperto di coltivazione urbana.

Scegli quelle che ti interessano di più e che si adattano alle tue esigenze. Ricorda che la coltivazione urbana può essere una sfida, ma può anche essere estremamente gratificante. Buona fortuna nella tua avventura di giardinaggio urbano!

- Link utili per approfondire l'argomento del giardinaggio urbano

1. FAO - Le risorse dell'agricoltura urbana: **http://www.fao.org/urban-agriculture/it/**
2. Green Thumb - Programma di giardinaggio urbano a New York City: **https://greenthumb.nycgovparks.org/**
3. Growing Communities - Comunità di giardinaggio urbano a Londra: **https://www.growingcommunities.org/**
4. Urban Organic Gardener - Blog di giardinaggio urbano: **https://www.urbanorganicgardener.com/**
5. Life on the Balcony - Blog di giardinaggio urbano per spazi limitati: **https://lifeonthebalcony.com/**
6. Urban Farm - Rivista mensile sulla coltivazione urbana: **https://www.urbanfarmonline.com/**
7. The Edible Garden - Libro sulla coltivazione urbana e l'utilizzo dei prodotti dell'orto: **https://www.penguin.co.uk/books/108/1086097/the-edible-garden/9781846079680.html**
8. Orti Urbani - Gruppo Facebook sulla coltivazione urbana: **https://www.facebook.com/groups/ortiurbani/**
9. Giardinaggio urbano - Gruppo Facebook sulla coltivazione urbana: **https://www.facebook.com/groups/119087914098637/**
10. Association for Vertical Farming - Associazione che promuove l'agricoltura urbana e verticale: **https://vertical-**

farming.net/

Ringraziamenti

Desidero esprimere la mia gratitudine a tutte le persone che mi hanno supportato durante la stesura di questo libro. Innanzitutto, voglio ringraziare la mia famiglia e i miei amici per il loro incoraggiamento e il loro supporto costante. Senza il loro sostegno, questo libro non sarebbe mai stato completato. Un ringraziamento speciale va anche ai miei colleghi e amici nel mondo del giardinaggio urbano, che hanno condiviso con me le loro conoscenze, le loro esperienze e le loro risorse, contribuendo a rendere questo libro il più completo e utile possibile. Desidero inoltre ringraziare i membri delle comunità di giardinaggio urbano in tutto il mondo, che con il loro entusiasmo e la loro dedizione stanno creando spazi verdi nelle nostre città, migliorando la qualità della vita e l'ambiente in cui viviamo. Infine, desidero ringraziare il team editoriale e tutti coloro che hanno lavorato alla produzione di questo libro, per la loro professionalità e la loro passione per l'argomento.

Grazie di cuore a tutti.

Rosa Fogliata

About the Author

L'autrice è una persona appassionata di viaggi, di cucina, cuoca sopraffina, moglie meravigliosa e madre di due figli. Cresciuta in una famiglia di appassionati di cucina, ha sviluppato, fin da giovane una passione per la gastronomia e i dolci della tradizione italiana. Grazie alla sua passione e dedizione, ha selezionato le migliori ricette tradizionali, per offrire ai lettori attraverso i suoi libri, un'esperienza enogastronomica unica e autentica.

www.ingramcontent.com/pod-product-compliance
Lightning Source LLC
Chambersburg PA
CBHW051244160726
47994CB00003B/1023

9798223054450